这个字，原来是这个意思 Ⅰ

你不可不知的
100个最中国的汉字

许晖／著

化学工业出版社·北京·

这是一本从汉字字形出发，来研究其词义源流的书。作者精选了100个最中国的汉字，不仅具体展示了每一个汉字字形的演变，而且由汉字字形入手，详细讲解了与此汉字相关的古代社会的生活形态、日常礼仪和文化常识，以此带领读者回到历史现场，寻找中国文化的根。

图书在版编目（CIP）数据

这个字，原来是这个意思Ⅰ：你不可不知的100个最中国的汉字/许晖著. —北京：化学工业出版社，2013.1（2017.6重印）

ISBN 978-7-122-15831-4

Ⅰ.①这…　Ⅱ.①许…　Ⅲ.①汉字-通俗读物　Ⅳ.①H12-49

中国版本图书馆CIP数据核字（2012）第266985号

责任编辑／龚风光　李　倩

文字编辑／吴　悦

装帧设计／尹琳琳

责任校对／宋　玮

出版发行／化学工业出版社（北京市东城区青年湖南街13号　邮政编码100011）

印　　装／大厂聚鑫印刷有限责任公司

889mm×1194mm　1/20　印张10½　字数300千字　2017年6月北京第1版第5次印刷

购书咨询／010-64518888（传真：010-64519686）

售后服务／010-64518899

网　　址／http://www.cip.com.cn

凡购买本书，如有缺损质量问题，本社销售中心负责调换。

定　　价／39.80元

土	义	丫	马	尸	尤	中	书	玉	东
左	归	处	瓜	礼	母	寺	网	年	华
休	朵	孝	寿	赤	声	戒	巫	闲	我
犹	牢	社	忍	妻	丧	武	味	贤	炙
狐	朋	岳	物	宝	法	柳	冠	鬼	拜
秋	俎	眉	真	酌	贼	卿	臭	朕	爱
家	宾	害	酒	涉	差	祥	梦	堂	祭
婚	族	望	雅	葬	落	鼎	禽	尊	禄
禅	善	楚	雷	蜀	罪	盟	鉴	鼠	解
慈	舞	鲜	德	器	儒	爵	羹	囊	饕

东王书中充尸马丫义土
华年网寺母礼瓜处归左
我闲巫戒声赤寿孝朵休
灸贤味武丧妻忍社牢犹
拜鬼冠柳法宝物岳朋狐
爱朕臭卿贼酌真眉俎秋
祭堂梦祥羞涉酒害宾家
禄尊禽鼎落葬雅望族婚
解鼠鉴盟罪蜀雷楚善禅
饕囊羹爵儒器德鲜舞慈

士

其什维何，釐尔女士（《诗经》）

汉字身世小档案

- “士”是男子的美称，因为男子负责最重要的事。
- 孔子解释“士”为：“推十合一为士”，意思就是通晓万物的原理。
- “女士”一词不是外来语，最早在《诗经》里就曾出现。
- “绅士”最早可不是指西方的gentleman，而是指腰束三尺衣带的“士”阶层。

1 金文

2 金文

3 小篆

在先秦诸侯国中，国君以下分卿、大夫、士三个级别，再往下就是庶民了。古书中常常可见“卿大夫”“大夫士”等称谓，这是非常严格的等级，绝对不能混淆。因此，后世经常所称的“士大夫”在先秦应该是“大夫士”。直到战国中期以后，随着官僚阶层的兴起，表示等级制的“大夫”逐渐被表示阶层的“士”所超越，才慢慢形成了“士大夫”的称谓。

士，许慎认为这是一个会意字，《说文解字》：“士，事也。数始于一，终于十。从一从十。孔子曰：‘推十合一为士。’”按照许慎的解释，“士”的本义就是“事”，表示善于做事，从一开始，到十结束，非常完美地完成了一件事情。《白虎通》也说：“士者，事也，任事之称也。”任事即做事称职。近代文字学家吴承仕先生认为，男人最原始的事就是耕作，他说：“事，谓耕作也。盖耕作始于立苗，所谓插物地中也。人生莫大于食，事莫重于耕。故士为插物地中之事。”因而将“士”作为负责耕作的男子的美称。

至于孔子所说的“推十合一为士”，清代学者黄生解释道：“《说文》引孔子‘推十合一为士’，言能综万理于一源也。”如此一来就符合了“士”的各种引申义：“通古今，辩然不，谓之士。”“博学，审问，慎思，明辨，笃行。”“以才智用者谓之士。”诸如此类。

但是，许慎并没有见过甲骨文和金文，只就小篆字形加以解说，跟“士”的金文字形严重不符。我们看“士”的金文字形❶，很明显这是一个象形字，像一把“钺”的形状，“钺”用青铜或铁制成，样子像比较大的板斧。因此“士”的本义是使用斧钺的战士，引申为男子的美称。金文字形❷，下面“钺”的宽刃更加清晰。小篆字形❸，下面的宽刃完全看不出来了，因而才让许慎附会为“从一从十”。

士阶层如同卿和大夫阶层一样，也分为上、中、下三等，分别称上士、中士、下士，不过天子之士独称“元士”。元者“善之长也”，是受有天子爵命之士，不能混同于诸侯之士。此外，还有秀士（德行才艺出众的人）、选士（德业有成者）、俊士（选入太学者）、造士（学业既成者）、进士（可进受爵禄者）等诸多名目。

有趣的是，现在的社交场合称女人为“女士”，很多人都误以为是从西方礼仪而来的，其实不然，《诗经》里早就出现了这个称谓。《诗经·既醉》：“其仆维何，釐尔女士。”“釐（lí）”，是赐予的意思。这句诗的意思是：侍奉的人怎么样？赐予你德行美好的女子为伴侣。孔颖达解释说：“女士，谓女而有士行者。”有士人操行的女性称作“女士”，跟今天的礼貌用语没有什么区别。

还有“绅士”一词，也多误以为来自西方礼仪，其实不然。“绅”是士阶层系在衣服外面的又大又长的带子。用大带子束腰，其余的部分垂下来作为装饰，这种服饰称为“绅”。“绅”的长短在等级制中有着严格的限制，《礼记》规定：“绅长制士三尺，有司二尺有五寸。”士的“绅”长三尺，官吏的“绅”长二尺五寸。之所以要规定士阶层束“绅”，是要求他们恭敬谨慎，像“绅”一样自我约束。后世就把这个阶层称为“绅士”，后来又用来指在地方上有财有势或得过一官半职的人，一般都是地主和退职官僚。

义

不义而富且贵，于我如浮云（《论语》）

汉字身世小档案

- “义”的甲骨文字形是一个会意字，上面是一只羊，下面是一把兵器，会意为合宜的道德、行为或道理，也就是正义。
- 古时候“义”和“谊”可以通假使用，比如无情无义、忘恩负义。这里的“义”是指情谊的意思。

1 甲骨文
2 金文
3 小篆
4 楷书繁体

“义”是一个义项繁多的汉字，同时也是传统文化中非常重要的概念，形塑了中国人的道义观。

义，甲骨文字形❶，这是一个会意字，上面是一只羊，下面是一把锯齿状的兵器。羊是用于祭祀的祭牲，兵器表示征战，征战前要杀羊并陈列兵器，举行祭祀仪式，祈祷战争的胜利，因此会意为合宜的道德、行为或道理，也就是正义。金文字形❷，下面兵器的形状更清晰。小篆字形❸，下面的兵器规范化为“我”。楷书繁体字形❹，同于小篆。简化后的字体完全看不出造字的原意了。

《说文解字》：“义，己之威仪也。”许慎解释的其实是“仪”这个字，“义”是“仪”的古字。还记得《孟子》那段著名的话吧？“生，亦我所欲也；义，亦我所欲也，二者不可得兼，舍生而取义者也。”这就是“义”的本义。古人非常重视正义的行为，把义和仁相提并论：“立人之道，曰仁与义。”古时候“义”和“谊”也可以通假使用，比如无情无义、忘恩负义的“义”即指情谊。在很多成语中都留下了这样使用的痕迹。

孔子说过：“君子喻于义，小人喻于利。”“不义而富且贵，于我如浮云。”他还说过：“君子义以为质，礼以行之，逊以出之，信以成之。君子哉！”意思是：君子把义作为原则，用礼来做事，用恭顺的言辞来表达，用诚信的态度来完成，这样的人就是君子啊！可见“义”的重要性。姜太公也曾经讲解过“义”与古人看重的其他品行之间的关系：“天有时，地有财，能与人共之者，仁也。仁之所在，天下归之。免人之死，解人之难，救人之患，济人之急者，德也。德之所在，天下归之。与人同忧同乐，同好同恶，义也。义之所在，天下赴之。凡人恶死而乐生，好德而归利，能生利者，道也。道之所在，天下归之。”

有趣的是，既然是征战前举行的祭祀仪式，那么一定要有鲜明的仪仗，“义”字下面的那把锯齿状的兵器就是这种仪仗。顾名思义，仪仗的形式感很强，是一种形式上的东西，因此引申出形式上的、名义上的、假的等含义。南宋学者洪迈在《容斋随笔》中说得最清楚：“人物以义为名，其别最多。仗正道曰义，义师、义战是也。众所尊戴曰义，义帝是也。与众共之曰义，义仓、义社、义田、义学、义役、义井之类是也。至行过人曰义，义士、义侠、义姑、义夫、义妇之类是也。自外入而非正者曰义，义父、义儿、义兄弟、义服之类是也。衣裳器物亦然，在首曰义髻，在衣曰义襕（lán，上下衣相连的服装）、义领之类是也。合众物为之，则有义浆、义墨、义酒。禽畜之贤者，则有义犬、义乌、义鹰、义鹘。”其中“合众物为之，则有义浆、义墨、义酒”的意思是多种物质或者食料混合而成，比如“义酒”就是将各种酒混合在一起饮用。还有假牙叫义齿，残疾人安装的假肢叫义肢。

花面丫头十三四，春来绰约向人时（刘禹锡）

汉字身世小档案

- “丫”最早是指东西分叉的样子。
- “丫鬟”最早被写作“鸦鬟”，是少女的发型，所以又称“丫头”。
- “丫头”一词在唐代是对青春少女的美称。
- “丫鬟”从前用来特指还没有嫁人的少女。
- 到了宋代，才把“丫头”“丫鬟”当作婢女的代称。

1 小篆

2 唐代女子丫鬟发式

“丫”是个很少单独使用的字，主要用于丫头、丫鬟两个称呼，而且是中古时期（魏晋南北朝隋唐）才出现的字。

丫，小篆字形❶。《广韵》：“丫，像物开之形。”《集韵》：“丫，物之歧头者。”就是树木或物体的分叉。

在宋代之前，“丫鬟”从来没有被当作婢女的代称。“丫鬟”本来写作“鸦鬟”，是古代女子的一种发式❷，李白有诗《酬张司马赠墨》：“上党碧松烟，夷陵丹砂末。兰麝凝珍墨，精光乃堪掇。黄头奴子双鸦鬟，锦囊养之怀袖间。今日赠予兰亭去，兴来洒笔会稽山。”王绮注：“双鸦鬟，谓头上双髻，色黑如鸦也。”头上双髻很像“丫”的形状，因此又写作“丫鬟”。因为是头上的发式，故又称“丫头”。刘禹锡《寄赠小樊》：“花面丫头十三四，春来绰约向人时。”《乐天寄忆旧游，因作报白君以答》：“丫头小儿荡画桨，长袂女郎簪翠翘。”可见唐代时“丫头”是对青春少女的美称，没有任何贬义成分。

李商隐写有五首名为《柳枝》的诗，诗前有一篇很长的序，陈启源解释序中出现的“丫鬟”一词说：“丫鬟谓头上梳双髻，未适人之妆也。”这里就说得更明白了，“丫鬟”乃是对还没有嫁人的少女的称呼。

李商隐的这篇诗序很长，讲述了一个凄美的爱情故事。

十七岁的洛阳“美眉”柳枝，有一次偶然听到邻居李让山吟诵堂弟李商隐的诗作《燕台诗》，不觉为之倾倒，惊问李让山：“这首诗是谁写的？”李让山据实以告。柳枝姑娘伸手拽断了一根衣带，央求李让山转赠李商隐乞诗。

第二天，李商隐来到柳枝姑娘住的巷子里，只见“柳枝丫鬟毕妆，抱立扇下，风障一袖”。柳枝说自己三天后要去河边洗裙子，邀请李商隐在河边约会，李商隐当然满口答应下来。大概是李商隐回去后对狐朋狗友们吹嘘了一番，谁料他的一个朋友居然把他的行李偷走，先跑到长安去了。没了行李连觉都睡不成，于是李商隐随后追赶朋友，就此错过了与柳枝姑娘的约会。

冬天的时候，李让山赶到长安城告知李商隐，柳枝姑娘被东部某地的封疆大吏娶走了。于是李商隐写了五首《柳枝》，以纪念这段如烟飘散的未遂爱情。五首诗录于下，供读者朋友鉴赏。

“花房与蜜脾，蜂雄蛱蝶雌。同时不同类，那复更相思。”

“本是丁香树，春条结始生。玉作弹棋局，中心亦不平。”

“嘉瓜引蔓长，碧玉冰寒浆。东陵虽五色，不忍值牙香。”

“柳枝井上蟠，莲叶浦中干。锦鳞与绣羽，水陆有伤残。”

“画屏绣步障，物物自成双。如何湖上望，只是见鸳鸯。”

后来有人考证说，柳枝因为和李商隐有约在先，执意不从封疆大吏，后被卖到湖楚之地当了烟花女子，李商隐还曾经两次去江浙一带寻访，最终无果。

宋代人王洋为自己的诗所作的注解中说：“吴楚之人，谓婢女为丫头。”婢女大多都是年轻姑娘，因此，“丫头”“丫鬟”从宋代开始就成为了婢女的代称，一直沿用到民国时期。《红楼梦》中就描写了许许多多令人印象深刻的丫鬟。

马，怒也，武也（许慎）

马

汉字身世小档案

- 古人认为，马是土地的精气，秉持火气而生，是一种武兽。
- 唐代时已经使用“毛病”一词，专指马的毛色不好。
- 马为六畜之首，且形体最大，古人因此用“马”来指称大的物体。“马路”即大路，而不是专供马驰行的路。

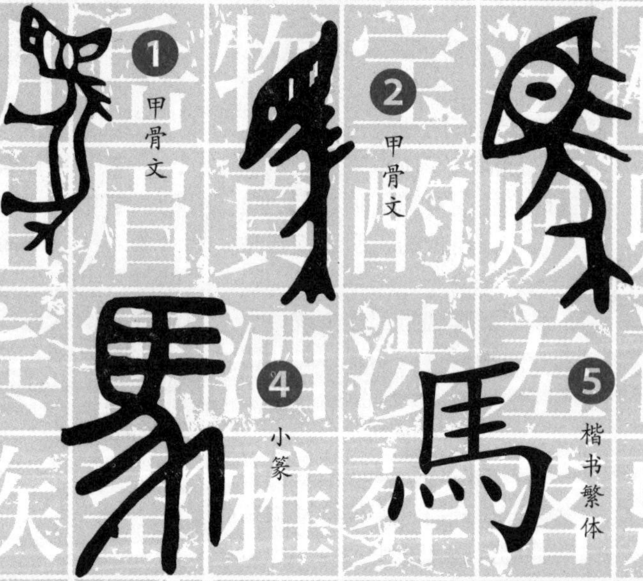

马是四千年前就已经被人类驯养的动物。中国远古时期的人们根据自己的需要和对动物世界的认识程度，选择了六种动物作为驯养对象，称为“六畜”，分别是马、牛、羊、鸡、犬、猪。汉代著名的匈奴悲歌“失我祁连山，使我六畜不蕃息；失我焉支山，使我嫁妇无颜色”，其中“六畜”即指这六种动物。

马，甲骨文字形❶，这是一个象形字，头朝上，背朝右，尾朝下，整个马身侧转向左，非常形象的一匹马。甲骨文字形❷，突出马的大眼睛和鬃毛。金文字形❸，与甲骨文的形象接近并加以美化，最突显的是马的大眼睛，马颈上的鬃毛也历历可见。小篆字形❹，减弱了图画一般的象形成分，与马的真实形象也就差得远了。楷书繁体字形❺，紧承小篆而来，下面简化成了四点。简体字则完全看不出马的样子了。

《说文解字》:“马，怒也，武也。”古人认为马是土地的精气，秉火气而生，是一种武兽，因此将掌管军事的最高官职定为司马。又按照五行说，火不能生木，胆是木之精气，因此马只有肝而没有胆，火气的马肝是剧毒之物，人食之则亡。汉武帝时期著名的方士、文成将军少翁就是食用马肝过量而死的。

马是早就驯化的动物，古人对马的研究非常之仔细。《周礼》中有“六马”之说：第一，种马，因专供繁殖而最珍贵的马，“玉路驾种马”，“路”通“辂”，帝王所乘之车，用玉作装饰；第二，戎马，驾兵车的马，“戎路驾戎马”，帝王在军中所乘之车称“戎路”；第三，齐马，“齐”通“斋”，取清洁之意，“金路驾齐马”，帝王所乘的饰金之车，祭祀所用，故驾洁净的“齐马”；第四，道马，“象路驾道马”，帝王所乘以象牙作装饰之车，用来宣示道德，驾车的马故称“道马”；第五，田马，田猎所驾的马，“田路驾田马”，“田路”也称“木路”，指帝王所乘只涂漆而无其他装饰的车；第六，驽马，顾名思义就是劣马，“驽马给宫中之役”，不能为帝王驾车。

古时，相马也是一种专门的学问，比如伯乐就是著名的相马大师。明代徐咸《相马经》中写道：“马旋毛者，善旋五，恶旋十四，所谓毛病，最为害者也。”古人相马，连马的旋毛旋转了几圈都有讲究：旋转五圈的是好马，旋转十四圈的就是劣马，会对主人造成极大的危害。“恶旋十四”即为“毛病”。所谓“毛病”，最早的意思是指牲畜的毛色有缺陷。李商隐所著《杂纂》一书中列举了六大“怕人知”，分别为：“流配人逃走归，买得贼赃物，藏匿奸细人，同居私房蓄财物，卖马有毛病，去亲戚家避罪。”由此可见，唐代时“毛病”一词已经使用了，专指马的毛色不好。

“毛病”的含义扩大，从专指马的毛病到泛指人或物的毛病，大约始于宋代。宋人吴涿在《答徐安札书》中写道：“盖文学毛病，如春草渐生，旋划旋有，不厌朋友切磋也。”黄庭坚在《山谷老人刀笔》一书中也有“乃是荆南人毛病”的说法。朱熹和弟子的问答录《朱子语类》中同样有这个词：“有才者又有些毛病，然亦上面人不能驾驭他。”说明宋代时“毛病”一词开始形容人的缺点。

马为六畜之首，当然是因为马的形体最大，古人因此用“马”来指称大的物体。比如“马蜂”就是大蜂，“马船”就是大型官船，“马枣”就是大枣。

现在的各种词典上都把“马路”解释为古代可以供马驰行的大路，并举《左传·昭公二十年》中的一句话作例子：“褚师子申遇公于马路之衢，遂从。”这种解释属于望文生义，并没有理解“马路”之“马”到底是什么意思。原来，此处的“马”就是“大”的意思。明代医学家李时珍在《本草纲目》中说：“凡物大者，皆以马名之。”民国学者章太炎在《新方言》一书中解释道：“古人于大物辄冠马字。”可见“马”可以作为形容词来使用，意思就是“大”。因此，“马路”即大路，而不是供马驰行的路。

神具醉止，皇尸载起（《诗经》）

汉字身世小档案

- 先有“尸”字，后有“屍”字，若表示“尸体”的意思，二字可通用。
- “尸”的本义是祭祀时代表死者受祭的活人。
- “尸位”原先是指在祭祀时替先祖受祭的孝孙，在祭礼上什么事也不用做，因此才引申出“尸位素餐”。
- 祭祀的“尸”绝不能借为“屍”。

1 甲骨文

2 金文

3 小篆

4 小篆「屍」

人们通常以为“屍”是“尸”的繁体字，其实在古代，最早先有“尸”这个字，后来两字并存，而且意义完全不同。

尸，甲骨文字形❶，这是一个象形字，像一个面朝左，曲腰弯腿的人。金文字形❷，屈膝的样子更加形象。小篆字形❸，变得好像一个躺卧着的人形。

《说文解字》：“尸，陈也，象卧之形。”这个“尸”的本义可绝对不是尸体，而是“陈也”。什么叫“陈”？段玉裁解释道：“祭祀之尸本象神而陈之。”原来，“尸”的本义是祭祀时代表死者受祭的活人。《诗经·楚茨》是一首描写祭祀过程的诗篇，其中有“神具醉止，皇尸载起。鼓钟送尸，神保聿归”的诗句。“皇”是美称。如果把“皇尸载起”理解成“尸体起身”那可就是诈尸了！正确的理解：是代表死者受祭的人起身离开神位。因此这几句诗的意思是：神灵都已经喝醉了，代表死者受祭的人起身离开神位。敲响钟鼓送走这个代祭者，神灵也回去了。

据《礼记》载，曾子曾经询问孔子：“祭必有尸乎？”孔子回答道：“祭成丧者必有尸，尸必以孙，孙幼则使人抱之；无孙，则取于同姓可也。”古人认为祭祀的目的在于和祖先的灵魂感通，用孙辈来代表死去的先祖受祭，可以凝聚先祖之气，这种祭祀称作“尸祭”。

有个成语叫“尸位素餐”，从中还可以看出古代“尸祭”的遗风。颜师古解释说：“尸位者，不举其事，但主其位而已；素餐者，德不称官，空当食禄。”代表先祖受祭的孝孙，在祭祀时仅仅是先祖的替身，是先祖灵魂的附体，自己什么事也不用做，只需要坐在神位上即可，“但主其位而已”和“素餐”组合在一起，比喻居位食禄而不尽职。这个意思从此成为“尸”的引申义，指在其位而无所作为。《庄子·逍遥游》：“夫子立而天下治，而我犹尸之。”意思是：如果夫子您当了国君，天下一定大治，可是如今我却占着这个位置无所作为。

我们再来看“屍”字，小篆字形❹。《礼记·曲礼》：“在床曰屍。”这才是尸体之“屍”。《说文解字》：“屍，终主也，从尸从死。”这是一个会意兼形声的字：上面是“尸”，代表死者受祭的人；下面右边是人，左边是死者的残骨，整个字形会意为尸体。后来“尸”和“屍”可以通用，但是祭祀的“尸”绝对不能借用“屍”字。

有趣的是，道家有“三尸神”的说法。三尸神是在人体内作祟的三神，每天定时向天帝汇报人的恶行，减少人的寿命。一名青古，伐人眼，症状是目暗面皱，口臭齿落；二名白姑，伐人五脏，症状是心慌气短；三名血尸，伐人胃，症状是胃胀悲愁。对付三尸神的办法是，每到三尸神要上奏天帝的时候，人要彻夜不眠，一直守夜到天亮，使其无机可乘，无法上奏。其实这大概是道家为了让人修行，故意危言耸听，让人在适当的时候修真而已。

但是好花皆易落，从来尤物不长生（刘禹锡）

汉字身世小档案

- “尤物”在古代是指害人的妖女，有道德的君子避之唯恐不及！
- 要避免被“尤物”所害，唯有崇高的德行才能够镇得住。
- “尤物”也曾用来指杰出的人物。
- “尤”其实就是“疣”，也就是肉瘤的意思。

1 甲骨文

2 金文

3 小篆

今天的男人们把具有媚惑力的漂亮女人称作“尤物”，对“尤物”充满了艳羡之情，一看见“尤物”恨不得立马据为己有。殊不知在古代，“尤物”是男人们，尤其是以道德高尚自诩的男人们避之唯恐不及的对象。

尤，甲骨文字形❶，《说文解字》：“从乙，又声。”按照许慎的说法，这是一个形声字，“乙”像植物屈曲生长的样子，受到阻碍还能屈曲生长，则显示出优异。因此许慎解释道：“尤，异也。”但是有的学者则有不同的看法。左民安先生认为“尤”是一个指事字，甲骨文字形表示的意思是：“在右手的手指上有一点，意思是生了一个肉瘤，即‘疣’，俗称‘瘊子’，中医上叫‘千日疮’。”他进而认为“尤”其实就是“疣”的初文。丁山先生则认为这个字形像“手欲上伸而碍于一”，上面的一横是指事符号。这种解释很接近许慎的看法。金文字形❷，接近甲骨文。小篆字形❸，更接近许慎所说的“从乙，又声”的形声字字形了。

“尤”的本义就是优异，但是也可以表达它的反面意思，比如怪异，比如过失、罪过。有个成语“以儆效尤”，意思就是以此警告效法怪异的、坏的行为的人。古代的字书关于“尤”的解释大同小异，如《小尔雅》：“尤，怪也。”《左传》注：“尤，甚也。”《管子》注：“尤，殊绝也。”

“尤物”一词最早见于《左传·昭公二十八年》。晋国大夫叔向想娶申公巫臣和夏姬所生的漂亮女儿为妻，叔向的母亲规劝他说“甚美必有甚恶”，然后得出结论：“夫有尤物，足以移人；苟非德义，则必有祸。”意思是尤物的能量足以改变人的精神状态，使人心理和行为统统失衡；如果男人不是有德有义的正人君子，根本不可能镇住这种尤物，祸患也就随之而来。此处的“尤物”特指绝色美女。但是“尤物”同时还可以指杰出的人物，《庄子·徐无鬼》：“南伯子綦隐几而坐，仰天而嘘。颜成子入见曰：‘夫子，物之尤也。形固可使若槁骸，心固可使若死灰乎？’”这段话的意思是，南伯子綦靠着几案坐着，仰面向天，缓缓吐气。颜成子进来看见了，说：“夫子是出类拔萃的人物。形体固然可以如同枯骨，心灵难道也可以如同死灰吗？”此处的“物之尤也”即指杰出的人物。

唐代诗人元稹所作的《莺莺传》，对“尤物”一词的解释更加详细。张生对崔莺莺始乱终弃后，为了良心上的安宁，讲了一篇大道理，其中的关键词就是“尤物”：“大凡天之所命尤物也，不妖其身，必妖于人。使崔氏子遇合富贵，乘宠娇，不为云，不为雨，为蛟为螭，吾不知其所变化矣。昔殷之辛，周之幽，据百万之国，其势甚厚。然而一女子败之，溃其众，屠其身，至今为天下僇笑。予之德不足以胜妖孽，是用忍情。”这段话的意思是：凡是尤物，不害己必害人。假如崔莺莺嫁给富贵之人，凭着娇宠，不为云，不为雨，为蛟为龙，我不知道她能变化到何种程度。过去的殷纣王和周幽王，据百万之国，国家强盛，然而一个女子就让他们亡国了，致使众叛亲离，死无葬身之地，成了天下人的笑柄。我的德行不足以胜过妖孽，只有忍情，和她分手。

可见，在古人心目中，能够跟“尤物”相抗衡，且镇得住“尤物”的，唯有崇高的德行。自忖德行不足的人，比如张生，趁早远离“尤物”，否则众叛亲离，死无葬身之地，更甚者还要亡国亡家。“尤物”如此可怕，能量如此巨大，因此古人谈起“尤物”的时候，常常语带贬义。刘禹锡有诗：“但是好花皆易落，从来尤物不长生。”则简直近于诅咒了。

从“尤”的本义“优异”又可以引申出“尤其”“更加”的意思，用作这个义项的时候作副词。

余其宅兹中国，自兹乂民（周成王）

汉字身世小档案

- “中”最早是指旗帜。
- “建中”是指把军旗插在中央之地。
- “中国”一词，最早是指以洛阳为中心的中原地区。
- “中国”还可以当作“京师”。

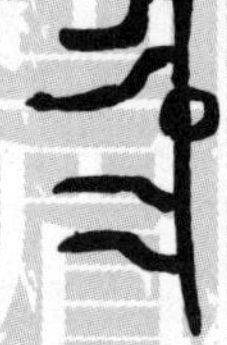

1 甲骨文

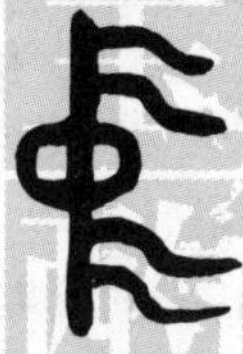

2 金文

3 小篆

4 甲骨文「国」

5 金文「国」

6 小篆「国」

“中”字不仅是中国的代称，而且是儒家哲学方法论中最为重要的概念。不过，这个字的起源却与旗帜有关。

中，甲骨文字形❶，这是一个象形字，正中竖立着一根高高的旗杆，上、下向左飘扬的四根飘带叫“斿”。《说文解字》注：“斿，旌旗之流也。”意思就是旌旗的飘带。旗杆中间的小圆圈标注位置，表明这是立中之处。金文字形❷，四根“斿”改向右侧飘扬。小篆字形❸，四根“斿”都省去了。

《说文解字》：“中，内也。”这只是“中”的引申义。

“中”这个字的起源为什么与旗帜有关呢？这是因为古时凡有征伐等大事，一定要先“建旗”，将旌旗竖立在中央之地，众人闻之而来，聚集在旌旗之下，然后才能开始议事。东汉学者刘熙《释名·释兵》：“九旗之名日月为常，画日月于其端，天子所建，言常明也。”这是天子所建之旗。“熊虎为旗，军将所建，象其猛如虎，与众期其下也。”这是军将所建之旗，用以集合士卒，准备战事。建旗一定要建在中央之地，故又称之为“建中”。“中”的一切引申义——中间、中心、中央、里面，甚至当动词用的“射中”等义项全都由此而来。

自古“中国”连用。我们再来说“国”，甲骨文字形❹，左边表示疆域，右边是一把戈，持戈保卫疆域。金文字形❺，左边同样为有边界标志的疆域，右边同样是一把戈，持戈保卫疆域。小篆字形❻，加了一个“囗”代表国界。

《说文解字》：“国，邦也。”二者的区别是：“大曰邦，小曰国。”还有一种说法是：“国谓王之国，邦国谓诸侯国也。”

“中”和“国”组成“中国”这个称谓，要远远追溯到三千年前。1963年，陕西宝鸡出土了一尊西周初年的青铜器，是西周宗室中一位姓何的贵族所铸，故称“何尊”。何尊底部有铭文122字，内容是周成王五年四月开始在成周（今洛阳）营建都城，对姓何的同宗青年进行训诰勉励，并赐给他贝三十朋，姓何的贵族遂铸此器纪念。成王的训诰中有这样一句：“余其宅兹中国，自兹乂（yì）民。”意思是：我将住在这天下的中心，从此治理民众。这是历史上第一次出现“中国”一词，虽然其意仅指以洛阳为中心的中原地区，但却开了后世称中国为“中央之国”的先河，如《释名》所说：“帝王所都为中，故曰中国。”

儒家哲学方法论中最著名的“中庸”一词，最早出于孔子之口，在《论语·雍也》中他感叹道：“中庸之为德也，其至矣乎！”意思是：中庸作为一种道德，它是最高的道德了！朱熹注解道：“中者，无过无不及之名也；庸，平常也。”概括地说，中庸就是不偏不倚，无过无不及，恪守中道。其实这一思想来源极早，孔子在《论语·尧曰》中记述了尧对舜的要求：“允执其中。”在《礼记·中庸》中他又如此夸赞舜的品德：“执其两端，用其中于民。”如今把“中庸”一词当作保守、妥协、不求上进的意思来使用，跟古时“中庸之道”的思想已经完全不一样了，令人浩叹！

书，甲骨文字形❶，这是一个会意字，右上方是一只手，手拿着一支笔，下面表示书写的器物或者书写的载体。《说文解字》：“书，著也。”因此“书”字的本义就是书写。金文字形❷，上面还是一支笔，下面变成了“者”，这样就变成了一个形声字，“者”表声，“者”和“著”音近，因此也兼有表意的作用。小篆字形❸，与金文相似。楷书繁体字形❹，下面的“者”省写成了“曰”。简化后的字体完全看不出造字的原意了。

《周易·系辞》：“上古结绳而治，后世圣人易之以书契。”书指文字，契是刻木而在上面书写。许慎在《说文解字》序中说：“仓颉之初作书，盖以类象形，故谓之文；后形声相益，即谓之字。著于竹帛谓之书。”竹帛指竹简和白绢，是纸张发明之前使用的书写工具。在竹简上书写，竹简编为册，故有“史册”之称；写错了要用刀削去重写，故有“刀笔”之称。写在绢类丝织品上的其实就叫“纸”，“依书长短随事截之，名曰幡纸”。后来东汉蔡伦造出的纸就叫“蔡侯纸”。

我国文字根据结构和使用方法归纳出六种条例，称“六书”。周代时已经有了“六书”其名，东汉时定名为：象形、会意、转注、处事（即指事）、假借、谐声（即形声）。至许慎《说文解字》定型后一直使用到今天。

秦始皇统一中国，“车同轨，书同文”，废除不符合秦的六国文字，定书体为八体：“一曰大篆，二曰小篆，三曰刻符，四曰虫书，五曰摹印，六曰署书，七曰殳书，八曰隶书。”大篆是周宣王时太史籀所写的十五篇文字，根据他的名字称作“籀文”，秦时称为大篆，以与小篆相区别；小篆是秦时李斯、赵高等人根据大篆省改而成，又称秦篆；刻符是指刻在符节上的字体；虫书是像鸟虫形状的字体，专用于题表官号以为符信的旗帜上，大概也有装饰作用；摹印就小篆而稍加变化，用于玺印和一般印章，印材大小不一，因此写刻之前必须先行规画，故称“摹印”；署书是写在缄封的文件或匾额上的字体；殳书的“殳”（shū）是一种用竹或木制成的兵器，殳书就是刻在兵器上的文字；隶书由篆书简化演变而成，把篆书圆转的笔画变成方折，改象形为笔画化，以便书写。大篆、小篆、虫书、隶书是四种字体，其余四种是这四种字体的用途。“八体”之后又有楷书，系由隶书演变而成，形体方正，笔画平直，可作楷模，故名楷书，始于东汉，通行至今不衰。

南宋诗人林景熙有诗：“书香剑气俱寥落，虚老乾坤父母身。”印刷术发明之后，始有“书香”一词，但书籍是用墨印出来的，墨有一种刺鼻的气味，怎么谈得上“书香”？原来，古人为了防止书中的蠹虫损坏书籍，往往要在书籍里面夹上几片香草。这种香草叫芸，也叫芸香，花叶香气浓郁芬芳，可驱蠹虫。因此之故，古代读书人用“芸帙”“芸编”指代书籍，用“芸窗”“芸馆”指代书斋，甚至国家图书馆也命名为“芸台”，负责管理图书、校勘书籍、订正讹误的校书郎雅称为“芸香吏”，都是从这个“芸香”而来。唐朝大诗人白居易就当过“芸香吏”，他曾在诗中写道：“一作芸香吏，三见牡丹开。”可惜如今书籍防蛀的用药变成了气味古怪的樟脑丸，古人那种一杯茶，一本书，茶香、书香交相融合的闲适生活再也无从寻觅了。

书

书香剑气俱寥落，虚老乾坤父母身（林景熙）

汉字身世小档案

- “书”在甲骨文中是一个会意字，像手拿着一支笔，会意为书写的意思。
- 古人为了防止书中的蠹虫损坏书籍，在书中夹上香草来驱虫，故衍生出“书香”一词。
- 驱蠹虫的香草称作“芸”，因此古代读书人用“芸轶”“芸编”指代书籍。

玉

言念君子，温其如玉（《诗经》）

汉字身世小档案

- “玉”也跟君子一样，拥有仁、义、智、勇、洁五种德行。
- 古礼规定，君子一定要随身佩戴玉器才行。
- “玉体”不一定指女体，而是敬称他人的身体。
- 在古代，祭祀、外交和社交，对使用哪种玉器都有严格规定，不可有误。

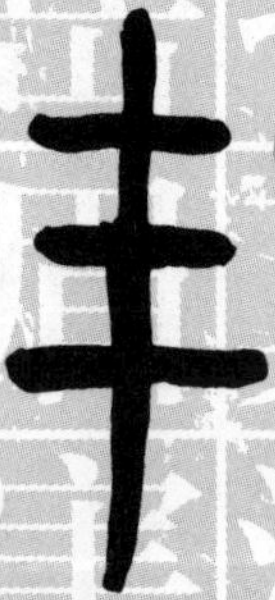

1 甲骨文

2 甲骨文

3 金文

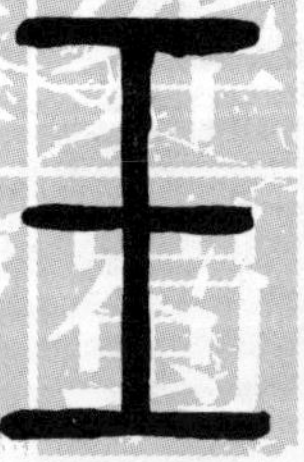

4 小篆

“宁为玉碎，不为瓦全。”从这句话就可以看出玉在中国文化中的崇高地位。事实也确实如此，玉文化在我国可谓源远流长，在祭祀、外交和社交领域都发挥了巨大的作用。

玉，甲骨文字形❶，这是一个象形字，像一根绳子串着三块玉。甲骨文字形❷，绳子的形状更明显。金文字形❸，把露在外面的绳头给去掉了。小篆字形❹，接近金文。

《说文解字》：“玉，石之美，有五德：润泽以温，仁之方也；䚡理自外，可以知中，义之方也；其声舒扬，尃以远闻，智之方也；不桡而折，勇之方也；锐廉而不技，洁之方也。”许慎认为玉具备了仁、义、智、勇、洁五种德行，因此“君子比德于玉”。《诗经·小戎》：“言念君子，温其如玉。”《礼记·曲礼下》中甚至规定：“君无故，玉不去身。”没有特殊原因，不能不佩戴玉。

至迟到周代时，玉器系统已经逐渐完备，各种玉的职能分工井井有条。诸侯作为符信使用的玉器共分五种，称作五玉：璜、璧、璋、珪、琮。璜是半璧，用来征召；璧是平而圆，中心有孔的玉，用来聘问；璋的形状像半个圭，用来发兵；珪同圭，长条形，上端三角形，下端方形，用来立信；琮（cóng）外边八角，中间圆形，“起土功之事也”，就是用来祭地。“修吉凶宾军嘉之礼，五等诸侯执其玉。”举行吉、凶、宾、军、嘉五礼的时候，诸侯都要各自手持象征身份的玉。

除了五玉，还有六瑞之说。据《周礼》载：“以玉作六瑞，以等邦国：王执镇圭，公执桓圭，侯执信圭，伯执躬圭，子执谷璧，男执蒲璧。”六瑞是国君和五等诸侯举行朝仪时所持的六种玉制礼器：王执镇圭，长一尺二寸，镇是安定四方之意；公执桓圭，桓圭长九寸，桓就是今天说的华表，雕刻在圭上作装饰；侯执信圭，信通身，以人形雕刻在圭上作装饰，长七寸；伯执躬圭，也是以人形作装饰，长也是七寸；子执谷璧，谷物养人，故以此作装饰，长五寸；男执蒲璧，蒲是蒲草制成的席子，取其“安人”之意，故以蒲草的花纹作装饰，长也是五寸。郑玄解释道：“瑞，信也，皆朝见所执，以为信。”国君和诸侯朝见时以这六种玉器作为符信。

此外还有六器。据《周礼》载：“以玉作六器，以礼天地四方：以苍璧礼天，以黄琮礼地，以青圭礼东方，以赤璋礼南方，以白琥礼西方，以玄璜礼北方。”这是六种祭祀天地四方的玉器。郑玄说“礼神者必象其类”，意思是祭祀什么神，就要使用像这种神的玉器。苍璧是黑色的璧，平而圆，像天，因此用来祭天；黄琮外边八角，像地之八方，因此用来祭地；青圭尖锐，像春天初生的万物，因此用来祭东方；赤璋是红色的半个圭，“像夏物半死”，因此用来祭南方；琥是像老虎的玉器，白色的琥象征秋气肃杀，因此用来祭西方；玄璜是黑色的半璧，“象冬闭藏，地上无物，唯天半见”，因此用来祭北方。

“玉”又引申为敬辞，比如敬称对方的身体为玉体，敬称对方的容貌为玉颜、玉面，等等。

东

自西徂东，靡所定处（《诗经》）

汉字身世小档案

- “东”是一个会意字，像一棵树立在日的中间，会意为日出的方向。
- “东”字中间是棵名叫若木的神树，也叫扶桑，生长在极东之地，因此日本又称为扶桑之国。
- 在古礼，“东”代表主位，所以有“东家”“房东”等词。

1 甲骨文

2 甲骨文

3 金文

4 小篆

5 楷书繁体

《诗经·桑柔》:“自西徂东，靡所定处。”意思是，从西到东都没有安定之处。

东，许慎认为这是一个会意字,《说文解字》:“东，动也。从日在木中。”许慎认为中间鼓着肚子的圆形代表“日”，一棵树立在日的中间，会意为太阳从东边的树木上升起来，因此用“东”这个字来代表日出的方向。

《白虎通》也说：“东方者，动方也，万物始动生也。”日出万物皆动，故称“东，动也”。五行学说中，东方从木的说法即是由此而来。“东”既为动，代表阳气动了，于是古人也把春天称为“东”，比如东君就是司春之神。

“东”字中间的这棵树可不是寻常之树，而是大有讲究的神树。这棵树叫若木，也叫扶桑，生长在东方极远之地。《山海经》说:“汤谷上有扶桑，十日所浴。”据说日出于扶桑树下，冉冉上升，最后从扶桑的树梢升起，照耀四方。日本之所以别称扶桑之国，就是因为日本在中国的东方,《梁书·扶桑国》:“扶桑在大汉国东二万余里，地在中国之东，其土多扶桑木，故以为名。”

不过，许慎没有见过甲骨文和金文。我们来看看“东”的字形演变。甲骨文字形❶，这是一个象形字，像两头扎起来的一个大口袋。甲骨文字形❷，中间的×形代表里面装的东西。金文字形❸，里面的东西用一横来代表。小篆字形❹，绳子捆缚之形讹变为“木”，许慎就是据此来加以解说的。楷书繁体字形❺,同于小篆。简化后的字体完全看不出造字的原意了。

从以上字形的演变可以看出，“东”就是“橐”的初文,后来“东”假借为方位词后，人们给“东”加了一个“石”，另造出“橐”字表示口袋。

那么“东”为什么会当作方位词呢？大部分学者的意见是假借为方位词；但也有一种有趣的解释，说是古人背起布袋出门远行，要参考日出的方向来辨别方位，因此“东”就引申为东方。

在古代的礼节中，“东”作为方向代表主人的位置，就是因为日出东方的缘故，宾位则相应地为西。《礼记》中规定，主人迎接客人的时候，“主人就东阶，客就西阶”。古人出面为子女聘请老师，双方商妥报酬待遇之后，主人宴请老师，就请老师坐在西边，所以受业的老师尊称为“西席”；主人坐东朝西作陪，东面是主人的位置，故称“东家”，“做东”“房东”“股东”等称呼也是因此而来。

上文提到的是只有主客双方时的方位安排，但是如果人数众多，那么方位和座次的安排就完全不一样了。以鸿门宴的座次为例：“项王、项伯东向坐，亚父南向坐，沛公北向坐，张良西向侍。”在这种场合下，坐西朝东的方向反而最尊贵，因此项羽和他叔叔项伯坐西朝东（东向）；坐北朝南的方向次之，因此项羽的谋士亚父范增坐北朝南（南向）；坐南朝北的方向又次之，因此沛公刘邦坐南朝北（北向）；张良是刘邦的谋士，只能屈居最卑的坐东朝西方向了（西向）。这些座次的礼节可一点儿都错不得。

左

微管仲，吾其披发左衽矣（《论语》）

汉字身世小档案

- “左”最早就是“佐”，原本是辅助的意思。
- “右”最早就是“又”，后来才加了一个口字来表示区分。
- 在古代，左、右有尊卑之分，右为尊，左为卑。
- 古代帝王朝南而坐，因此地理上使用以东为“左”，以西为“右”，跟现在地图完全相反。

左和右是对应字，先说左，甲骨文字形❶，这是一个象形字，看上去就像左手的形状。金文字形❷，上面还是左手的形状，下面添加了一个“工”字。“工”在甲骨文字形中就是工具的形状，因此金文字形的“左”字就变成了会意字，会意为左手持工具干活儿。《说文解字》：“左，手相左助也。”原来“左”就是“佐”字的初文，最初是没有“佐”这个字的，用于“辅助”“帮助干活儿”这个意思就用“左”字，后来人们又造了一个“佐”字，“左”才专指左手了。小篆字形❸，结构同金文。

再说右，甲骨文字形❹，跟“左”字的甲骨文字形相对，也是一个象形字，看上去就像右手的形状。其实“右”的本字就是“又”，上古的时候凡“又”字就是指右手。后来“又”字用作别的字义，人们就在“又”的下面添加了一个“口”，变成了现在我们使用的“右”。金文字形❺，看得很清楚，是在右手下面添加了一个“口”，这就变成了一个会意字。《说文解字》：“右，助也。”徐锴进一步解释道：“手口相助也。”原来“右”就是“佑”字的初文。最初没有“佑”这个字，用于“帮助”这个意思就用“右”字，后来人们又造了一个“佑”字，“右”才专指右手了。小篆字形❻，跟金文一样。楷体字形大概为了写着顺手的缘故，“口”上面的右手却变成了左手。这就是“右”字的演变过程。

在古代，左、右有尊卑之分。秦汉之前古人以右为尊，因为大多数人都是使用右手，从生理习惯上来说右手方便。孔颖达解释说：“人有左右，右便而左不便，故以所助为右，不助为左。”现在也还有类似的说法，比如形容某人脾气执拗叫左性子。众所周知的“负荆请罪”的故事，起因就在于蔺相如比廉颇的功劳大，封官的时候，拜蔺相如为上卿，“位在廉颇之右”，廉颇非常生气，才寻隙滋事。可见官职也是以右为尊，贬官则叫“左迁”。“无出其右”这个成语是指没有人能够战胜或者超过，这里也是以右为尊。

不过也有特殊的情况，比如车上的位置是以左为尊，空着左边的座位准备接待贵宾称“虚左以待”，这是因为坐车时，赶车的人要坐在右边，右手执鞭、驾驭都方便。国君出行时，同车三人，国君坐在左边，中间是御者，右边是一位勇士。带上勇士的目的是防备不测事件发生，一旦有人行刺国君，勇士就会从右边下车，便于随时采取行动保卫国君的安全。这是由坐车的特殊性所决定的。

春秋战国时期，楚人相对于黄河流域的中原民族来说属于南蛮之人，其方位尊卑刚好跟中原相反，“楚人尚左”，以左为尊。孔子曾经感叹道：“微管仲，吾其披发左衽矣。”在中原地区，人们衣服的前襟都要向右，只有死人的前襟向左，表示永远不需要脱衣服了，而边远地区的蛮夷民族刚好相反，是“左衽”，因此孔子感叹说：“如果没有管仲的教化，我们就要等同于蛮夷之邦了。”

需要注意的是，皇帝面南背北而坐，右手为西，左手为东，因此地理上便以东为“左”，以西为“右”，比如江左即指江东，陇右即指陇西，跟今天从地图上看的方位刚好相反。

归

之子于归，宜其室家（《诗经》）

汉字身世小档案

- “归”的本义即女子出嫁的意思。
- “来归”是指已嫁之女被夫家所弃而返回娘家。
- 中药“当归”可以调血，是治疗女性疾病的重要药材，也是取其思念丈夫归来的意思。

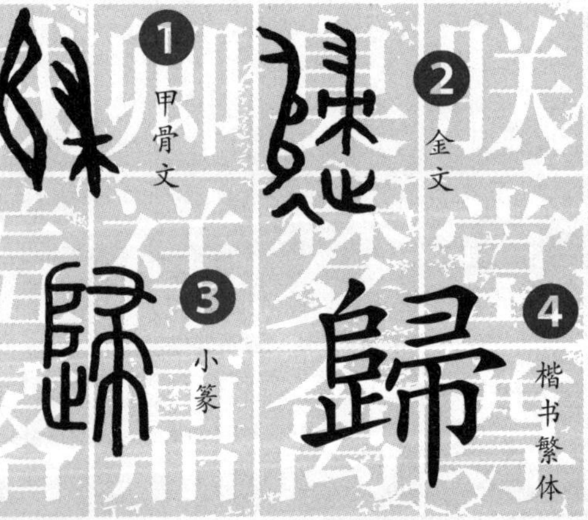

今天的“归”大都当作“归来”之意，但是最初造出这个字的时候却并不完全如此。

归，甲骨文字形❶，这是一个会意字，但怎么会意的却众说纷纭。从字形上来看，左边是小土堆，右边是一把扫帚，打扫等家务活儿是女人干的，因此会意为持帚打扫的女人要来了。但日本学者加藤常贤却认为左边的土堆横过来看像人屁股的形状，所以表示人坐卧止息的场所；右边的扫帚代表妇女。整个字形会意为妇女出嫁行路途中，要休息的时候坐在土堆上。金文字形❷，下面添加了一只脚（“止”的甲骨文字形就是一只脚的形状）。小篆字形❸，变成了一个形声字。楷书繁体字形❹，结构同于小篆。简化后的字体完全看不出造字的原意了。

《说文解字》：“归，女嫁也。”“归”的本义就是女子出嫁。这是男权社会中男尊女卑关系的典型写照，女人就像男人丢失的物品，出嫁到丈夫家就是回归。《春秋谷梁传》解释说：“妇人谓嫁曰归，反曰来归。嫁而曰归，明外属也。反曰来归，明从外至。反谓为夫家所遣。”“来归”是指已嫁之女被夫家所弃而返回娘家。此外还有“归宁”一词，指已嫁之女回娘家看望父母。“宁”是向父母问安的意思。《孔雀东南飞》中有这样的诗句：“阿母大拊掌，不图子自归。十三教汝织，十四能裁衣，十五弹箜篌，十六知礼仪，十七遣汝嫁，谓言无誓违。汝今何罪过，不迎而自归？”这里的“归”就是指刘兰芝被婆婆赶回了娘家。

《诗经》中有一首著名的诗篇《桃夭》：“桃之夭夭，灼灼其华。之子于归，宜其室家。桃之夭夭，有蕡（fén，果实多而大）其实。之子于归，宜其家室。桃之夭夭，其叶蓁蓁（zhēn，茂盛）。之子于归，宜其家人。”之子，意指这个女子；于归，是指嫁到了夫家。这是一首祝贺年轻姑娘在春光明媚、桃花盛开时出嫁的诗，“于归”因此成为女子出嫁的代名词。从“归”的本义中慢慢引申出归来、归还、辞官归家、合并、趋向，甚至还有死等义项，比如“归骨”一词，就是指死后埋尸骨。

有一味中药叫当归，主治补血活血，调经止痛，润肠通便。“当归”一名的由来有两种说法。一种说法是：当归治疗妊娠妇女产后恶血上冲，疗效显著，如果发生气血逆乱的现象，服用之后可以降逆定乱，使气血各有所归，故名当归。另一种说法是：当归可以调血，是治疗女性疾病的重要药物，古人娶妻首先是为了生子，这味药便有想念丈夫的意思，故名当归。唐代才女葛鸦儿有一首思念远行丈夫，名为《怀良人》的诗：“蓬鬓荆钗世所稀，布裙犹是嫁时衣。胡麻好种无人种，正是归时不见归。”意思跟当归相同。古人常以当归送人，表示离别之意，盼着朋友早日归来。

处

肌肤若冰雪，绰约若处子（《庄子》）

汉字身世小档案

- “處”的本字是“処”，在金文中可作会意字，会意为人靠着休息的样子。
- “处”的本义就是中止、停止，在家里修身养性的君子被称为“处士”或“处子”。
- 在古代，“处女”是指没有出嫁的女子，因此这里的“处”字，应该读作三声。

处，金文字形❶，据左民安先生说这是一个会意字，上面是老虎的形状，右下角的“几”形是虎足的变形。但是这只老虎怎么会意为“处”，却语焉不详。多数学者认为左边是身着虎皮或戴着虎皮冠的人，右下角就是“几”，几案。此人据几而坐，大概是在举行祭祀或祈祷仪式。小篆分为两种：字形❷，其实就是“処”，是“处”的古字，也是一个会意字，《说文解字》：“処，止也。得几而止。”人凭几歇息；字形❸，恢复了金文的虎头，变成了一个形声字。楷书繁体字形❹，与小篆相似。

“处”的本义就是中止，停止。《周易·系辞》：“君子之道，或出或处。”君子或者出去干一番事业，或者安静地待在家里休养身心。在家里修身养性的君子被称为“处士”或“处子”。《荀子》中曾说：“古之所谓处士者，德盛者也。”德才兼备而不出仕，自然是厌恶官场和世俗的污浊，此举是只有德行很高的人才能作出的选择，那些流俗之辈，削尖了脑袋尚且还要往官场上钻，哪里配当高洁的“处士”呢！

今天的人们大都把“处女”的“处”读作chù，四声，其实这是错误的，正确的读音应该是chǔ，三声。今天的“处女”一词用来指没有过性交经历的女子，但是古代却不一样，仅仅是指没有出嫁的女子。

先秦时期，“处女”一词就已经出现了，跟“处士”一样，也可写作“处子”。《管子》：“十日之内，室无处女，路无行人。”“处女操工事者几何人？”《荀子》：“处女莫不愿得以为士。”《庄子》：“藐姑射之山，有神人居焉，肌肤若冰雪，绰约若处子。”古人对“处女”和“处子”的解释是：“在室女也。”即待在闺阁之中尚未出嫁的女子。因此，“处女”又称“室女”。

为什么“处女”是“在室女也”？这就是因为“处”的古字是“処”的缘故。“几”是古人席地而坐时有靠背的坐具，室内有几，用来休息，因此从“处”的本义中止、停止引申而来。从字面意义来讲，“处女”就是居止在室内的女子，待字闺中，尚未出嫁。未经开发的“处女地”也是由此引申而来。

从“处”的本义又引申出“处所”的意思，指人或物所在的地方，当作这个义项的时候才读四声chù，比如“儿童相见不相识，笑问客从何处来”。现在人们常说的行政机关或行政机关里的一级单位、一个部门叫“某某处”，又是从“处所”这个义项引申而来的。再加以远引申，又可以当作办理、决断或惩罚之意。比如“德以处事”，是指德行足以办理事务；比如“臣愚不能处也”，我的能力很愚笨，不能作出决断；又比如处罚、处决、处斩，都是惩罚的意思。

二十四节气的第十四个节气叫“处暑”，在每年阳历的8月23日左右。这里的“处”也应该读作三声chǔ，“处暑”就是暑气至此就停止了。还有人解释说：“处暑，暑将退伏而潜处。”意思是暑气马上就要潜伏起来了。有三个征兆预示着处暑这个节气的来临，其中两个征兆都是“处”的本义的最好解释。第一个征兆是“鹰乃祭鸟”，古人认为鹰是义鸟，此时感应到肃杀之气，开始大量捕捉鸟类而食，不过鹰捕捉到鸟类之后，不会立刻就吃掉，就像人祭祀的时候不会先吃祭食一样，而且还说鹰不捕杀怀孕的鸟类，因此称“义鸟”。这当然是附会，真正的原因是因为暑气停止或潜伏，鹰要捕捉鸟类储存起来。第二个征兆是“天地始肃”，“肃”是衰落、萎缩的意思，此时天地间暑气停止或潜伏，万物开始凋零。

瓜

碧玉破瓜时，郎为情颠倒（孙绰）

汉字身世小档案

- “瓜代”是指接替官职，最早的确是约好瓜熟的时候，要找人来替代的意思。
- 傻瓜的“瓜”其实指的不是某种瓜。
- “破瓜”原本是比喻女子十六岁的美好年华，后来却被通俗小说拿来形容女子“破身”，可叹！

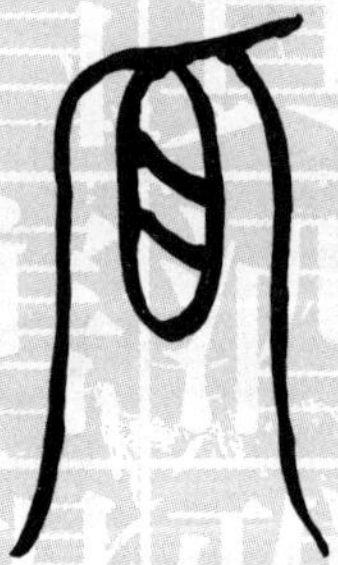

1 金文

2 小篆

瓜，金文字形❶，这是一个象形字，两边像瓜蔓，中间像果实，藤上结瓜。小篆字形❷，接近金文。

朱熹说："大曰瓜，小曰瓞。瓜之近本初生常小，其蔓不绝，至末而后大也。"瓞读作 dié，大的叫瓜，小的叫瓞，因此"瓜瓞"连用比喻子孙繁衍，相继不绝，如《诗经·绵》中的诗句"绵绵瓜瓞"，就是这样的意思。有趣的是，古代官吏任职期满由他人接替称作"瓜代"。这个典故出自《左传·庄公八年》："齐侯使连称、管至父戍葵丘，瓜时而往，曰：'及瓜而代。'期戍，公问不至。请代，弗许。故谋作乱。"齐侯派连称和管至父驻守葵丘，在瓜熟的时节前去，约定明年瓜熟的时节派人来替代他们，但是驻守了整整一年，齐侯却没有派人来替代，于是两人准备作乱谋反。后来"瓜代"就成了接替官职的代名词。

日常俗语有"傻瓜"的称谓，这个字眼儿大家说得实在是太多了，可是却从来没有人较真儿地问一问这个"瓜"是什么"瓜"，到底是黄瓜、西瓜还是哈密瓜？

"傻瓜"的来源跟古代一个非常古老的部族姜戎氏有关。《左传·襄公十四年》记述了范宣子对姜戎氏的谈话，其中说："来！姜戎氏！昔秦人迫逐乃祖吾离于瓜州。"意思是当初秦人追逐你们的祖先吾离，一直追逐到了瓜州。瓜州在今甘肃敦煌一带。据著名历史学家顾颉刚先生考证，姜戎氏被赶到瓜州后，人们就把聚居在瓜州的姜姓人统称为"瓜子族"。又因为"瓜子族"人秉性忠厚，被人雇用时不懂得偷懒，只会埋头不停干活，勤奋老实，因而被当地人视为"傻子"，时间长了，就一概统称为"傻瓜"——意思到底有没有贬损还不定呢。清人黎士宏在《仁恕堂笔记》中记载："甘州人谓不慧曰'瓜子'。"甘州即今天的甘肃省张掖市一带。至今甘肃、四川两省还把不聪明的人、愚蠢的人称为"瓜子""瓜娃子"。

有个成语叫"瓜田李下"。"瓜田李下，古人所慎"，语出《乐府诗集·君子行》："君子防未然，不处嫌疑间。瓜田不纳履，李下不正冠。"君子要防患于未然，经过瓜田的时候，不要弯下身子提鞋；经过李树下的时候，不要抬手整理帽子。意思是免得主人以为你弯腰偷瓜，伸手摘李子，用这样的举止借以说明做任何事情都要注意避开容易招致嫌疑的地方。

民间俗语中把女子第一次性交破身称作"破瓜"，反映了民间文化的粗俗，因为"破瓜"本是一个非常美好的比喻。古人用"破瓜"来指女子十六岁，因为"瓜"字破开是"二八"，二八一十六，正好用来比喻女子十六岁的美好年华。"破瓜"一词出自东晋孙绰所作的《碧玉歌》，碧玉是汝南王的爱妾，因为汝南王非常宠爱碧玉，于是作《碧玉歌》，共五首，其中两首中出现了"破瓜"一词："碧玉破瓜时，郎为情颠倒。芙蓉陵霜荣，秋容故尚好。""碧玉破瓜时，相为情颠倒。感郎不羞郎，回身就郎抱。""碧玉破瓜时"是指碧玉到了十六岁的时候和汝南王开始了感人的爱情，并最终嫁为人妾。

"破瓜"之所以被后人误解，都是这个"破"字在作祟。其实"破瓜"还写作"分瓜"，把"瓜"字分为"二八"。唐人段成式诗："犹怜最小分瓜日。"李群玉诗："瓜字初分碧玉年。"都是用的"分瓜"。明清时期，市民文化开始兴盛，"破瓜"一词进入了日常用语，变得粗俗化了。明代通俗作家冯梦龙的著名小说《杜十娘怒沉百宝箱》中，"破瓜"变成了"破身"之意："那杜十娘自十三岁破瓜，今一十九岁，七年之内，不知历过了多少公子王孙，一个个情迷意荡，破家荡产而不惜。"真是对"破瓜"一词的玷污！

礼

暗与山僧别，低头礼白云（李白）

汉字身世小档案

- “禮”的本字是“豊”字，表示“豆”上的高脚盘里盛满了食物。
- “礼”就是“履”，本义是举行仪礼，祭神求福。
- 古人把“礼”提升到至高的地位，成系统地维护整个宗法等级制度。
- 今日，“礼”的含义已经弱化为礼貌、礼节等人际关系的准则。

1 甲骨文

2 甲骨文

3 甲骨文

4 金文

5 小篆

6 小篆

“礼”是儒家思想的核心概念之一，并且有一整套以维护宗法等级制为目的的礼制系统。今天这个字的意思已经弱化为礼貌、礼节等日常生活中应该遵守的人际关系准则，但是在古代，礼可不仅仅是人际关系的准则，而是古人生活中极其重要的东西。

“礼”最早写作“豊”，甲骨文字形❶，这是一个象形字，下面是“豆”。“豆”可不是今天所说的豆类，而是一种高脚盘，盛行于商周时期，多陶制，用来盛食物。上面是高脚盘里装满了玉器，用以祭祀。甲骨文字形❷，“豆”中系着绳子的玉器的样子更形象。甲骨文字形❸，金文字形❹，区别不大。小篆字形❺，定型化后更规范了。《说文解字》：“豊，行礼之器也。”这是说，“豊”是一种礼器。古时最重要的礼是祭祀之礼，因此后来给“豊”添加了一个“示”字旁，凡是“示”字旁的字大都与祭祀之事有关。小篆字形❻，右上角讹变为“曲”。简化后的字体完全看不出造字的原意了。

《说文解字》：“礼，履也，所以事神致福也。”可见“礼”的本义是举行仪礼，祭神求福。李白有诗：“暗与山僧别，低头礼白云。”低头向白云敬礼，可见虔诚。

《礼记》中规定：“礼有五经，莫重于祭。”东汉学者郑玄注解道：“礼有五经，谓吉礼、凶礼、宾礼、军礼、嘉礼。”吉礼就是祭祀之礼；凶礼指逢凶事而举行哀吊的仪礼；宾礼指接待宾客的礼仪；军礼顾名思义就是军事上的礼仪；嘉礼，嘉，善也，因人心所善者而制定的礼仪，共分饮食、婚冠、宾射、飨宴（宴饮）、脤膰（shèn fán，祭社稷和宗庙用的肉，赐给同姓之国以示同享富贵）、贺庆六种。而五种礼中，最重要的莫过于祭祀之礼，即吉礼。

古人把“礼”上升到至高无上的地位，《左传》：“夫礼，天之经也，地之义也，民之行也。”除了五经之礼外，古人规定的礼仪还有多种，其一是《礼记》所说节制民性的六礼：冠、昏、丧、祭、乡、相见。冠指男子到了二十岁举行的加冠礼，表示成人；昏指婚礼；乡指乡饮酒和乡射之礼。周代的时候，乡学三年学业完成，要将其中德行道艺突出者推荐给诸侯，临行之际，乡大夫设酒宴以宾礼相待，这叫乡饮酒礼，同时乡大夫、乡老还要与乡人比赛射箭，这叫乡射礼。相见指人与人之间的交际礼仪。

其二是更加细分的九礼：冠、婚、朝、聘、丧、祭、宾主、乡饮酒、军旅。朝是朝拜国君之礼，聘是诸侯之间相互聘问之礼。

其三是直到今天还没有完全消亡的确立婚姻过程中的六礼：纳采、问名、纳吉、纳征、请期、亲迎。纳采是男方向女方送求婚礼物；问名是男方托媒人请问女方的名字和生辰，女方回复；纳吉是男方占卜得到吉兆后，备好礼物通知女方，决定缔结婚姻；纳征是择日将备好的聘礼送到女家，民间俗称过定，意思是正式订婚了；请期是男方行聘之后，卜得吉日，请媒人告知女家成婚日期；亲迎是女婿亲自到女家去接新娘来拜堂成亲。

中国号称礼仪之邦，“礼”渗透进了日常生活的方方面面，由以上的介绍可见一斑。

母

哀哀父母，生我劬劳（《诗经》）

汉字身世小档案

- 象形字的“母”，就是跪着的人形，两手交叉，胸前两个乳房。
- 把生日叫作“母难日”，早在元朝就有了。
- 在唐代之前，中国人是不庆祝生日的，而要斋戒感恩父母。
- 古人认为，拇指是五个指头的本源，所以名称上才会带“母”字。

天下最伟大的人莫过于母亲了。母，甲骨文字形❶，这是一个象形字，像一个面朝左跪着的人形，两手交叉，胸前的两点代表乳房。《仓颉篇》：“母其中有两点，像人乳形。”金文字形❷，突出的是胸前的乳房。金文字形❸，上面的一横是女人头上戴的簪子。小篆字形❹，人形面朝右，胸前的两点变成了一对下垂的乳房。

《说文解字》：“母，牧也。从女，像怀子形。一曰像乳子也。”古人喜欢用两个韵母相同的字来释义，这叫叠韵，因此许慎说“母，牧也”，借用“牧”字表示养育子女。其他还有类似的释义：“母，冒也，含生己也。”“母，慕也，婴儿所慕也。”《诗经·蓼莪》中有一段非常感人的描写：“父兮生我，母兮鞠我。拊我畜我，长我育我。顾我复我，出入腹我。欲报之德，昊天罔极。”鞠（jū）是养育之意，“母兮鞠我”，跟“母”字最初造字的字形是多么贴切啊！

今天有“母难日”这个说法，人们大都以为这是西方或日本的舶来词，其实不然，我国元代就已经有了这个词。元代诗人白珽在《湛渊静语》一书中写道：“近刘极斋宏济，蜀人，遇诞日，必斋沐焚香端坐，曰：‘父忧母难之日也。’”清代学者俞樾也说：“今人于生日曰‘母难日’，不知有父忧母难。”刘宏济把自己的生日叫作“父忧母难之日”，恰好符合《佛说孝子经》所云：“亲之生子，怀之十月，身为重病，临生之日，母危父怖，其情难言。”

鲜为人知的是，在唐代之前，古代中国人是从来不过生日的，非但不过生日，在自己诞辰的这一天还要斋戒，感念父母的生养之恩，这就是因为自己诞生的这一天“父忧母难”的缘故。有一年唐太宗李世民在自己的诞辰日召来开国功臣长孙无忌，并对他说：“今天是朕的生日，可是我每当到了这个日子，心里却都非常感伤。你看我君临天下，富有四海，可是有一件事让我很不快乐，那就是我永远无法在父母膝下承欢了！我的心情就和孔子的好学生子路一样。子路当年为了让父母吃上大米饭，不惜来回奔波一百里地为父母送去大米，后来父母去世之后，每每吃饭的时候就想起了双亲，以至于泪流满面，无法下咽。《诗经》中说：‘哀哀父母，生我劬（qú）劳。’他们劳苦了一辈子，再也无法享受宴饮之乐了！”

母亲是子女的本源，因此“母”引申为本源之意。《老子》中曾经说过：“天下有始，以为天下母。既知其母，又知其子。既知其子，复守其母，没身不殆。”这段话的意思是：天下万事万物都有起始，这个起始就是万事万物的根源。掌握了万事万物的起始，就可以认识万事万物；认识了万事万物，还必须坚守万事万物的根本，这样终生就不会有危险。“母”又引申为凡雌性的总称，比如对各种雌性动物的称呼，母老虎、母猪、母猴等。

母子一体，因此凡是物体有大有小者皆称为子母，比如人们使用的无绳电话叫作子母机。有一种丛生的竹子，一丛甚至多达数十百竿，竹根缠绕，新竹旧竹盘结在一起，高低相倚，就像母子相依，因此称作子母竹，又称作慈竹、慈孝竹，都是从不能分割的母子关系而来的。

因为“母”是本源，古人认为拇指是五根指头的本源，于是给“母”字加上了一个“手”字，用来表示大拇指。喝酒时划拳称作“拇战”，就是因为拇指的使用率最高。

寺

南朝四百八十寺，多少楼台烟雨中（杜牧）

汉字身世小档案

- 晋代之前，“寺”和“庙”是两种不同的场所，得分开使用，不能连用。
- “寺”的本义是法度，指的是官署，直到东汉才用来指佛教庙宇。
- “庙”的本义是宗庙，最早是供奉祭祀祖先的场所。
- 直到西晋末年，“寺”和“庙”连用，成为佛教庙宇的通行称谓。

1 金文

2 金文

3 小篆

4 金文「庙」

5 甲骨文「庙」

6 小篆「庙」

晋代之前，“寺”和“庙”不能连用，因为这是两处功能截然不同的场所。先说寺，金文字形❶，这是一个会意字，下面是一只手，上面是“止”就是脚。古人最早就是拿脚来计量尺寸，上面的脚表示要按照一定的尺寸，当行则行，当止则止。段玉裁解释得很清楚：“步必积寸为之。”金文字形❷，下面就是“寸”字，那只手下面的一横表示手腕下一寸之处。小篆字形❸，接近金文。

《说文解字》：“寺，廷也，有法度者也。”“步必积寸为之”，就是要按照一定的法度来行事，因此“寺”的本义就是有法度。什么地方有法度？什么地方制定和管理法度呢？毫无疑问是官署，因此许慎又解释为“寺，廷也”，朝廷的官署就称作“寺”。秦汉时中央的行政长官共有九个，叫九卿，九卿上班的地方就叫作九寺，分别是：太常寺、光禄寺、卫尉寺、宗正寺、太仆寺、大理寺、鸿胪寺、司农寺、太府寺。不过也有学者认为“寺”是“持”的初文，“寺”的金文字形表示“站到那里听候使唤，操持杂务之意”。宫中的近侍小臣操持的就是这种杂务，而近侍小臣多以阉人充任，因此此类小臣和宦官也称“寺”或“寺人”。

至于把佛教庙宇称作“寺”起始于东汉明帝时期。据《洛阳伽蓝记》载，有一天夜里汉明帝梦见了一尊高约一丈六的金神，于是派遣使节前往西域求取佛经和佛像，用白马驮经而回，随同而来的还有两位印度僧人。一行人中有外宾，因此先到接待外宾的鸿胪寺歇脚。后来汉明帝下令在首都洛阳建造了第一座佛教寺院，因是白马驮经，又因为最先在鸿胪寺落脚，故称“白马寺”。从此之后，佛教庙宇才开始以“寺”命名。

再说庙，金文字形❹，上面的“广”跟今天的意思完全不一样，是指很高的房屋。下面是个“朝”字，“朝”字的左边，上下为草，中间是日，右边是水的形状，意思是太阳从长草的地面升起时，潮水也跟着上涨了，因此“朝”字会意为早晨，又引申为朝廷，因为皇帝要上早朝。“朝”的甲骨文字形❺，右边为“月”，会意为太阳从长草的地面升起时，月亮还没有完全隐退，因此也可以会意为早晨。

《说文解字》：“庙，尊先祖貌也。”段玉裁解释说，古时候的庙是用来祭祀先祖而不是祭祀神的，为神立庙是夏商周三代以后的事儿。庙，小篆字形❻，接近金文，而右边稍有变异。那么“庙”这个字的下面为什么是个“朝”字呢？段玉裁解释道：“谓居之与朝廷同尊者，为会意。”意思是平民百姓也像朝廷一样要祭祀自己的祖先，如此一来，“庙”就是个会意字，而不是许慎所说的形声字。

“庙”的本义是宗庙，供奉祭祀祖先的场所。宗庙的正殿称“庙”，后殿称“寝”，合称“寝庙”。孔颖达解释道：“庙是接神之处，其处尊，故在前；寝，衣冠所藏之处，对庙为卑，故在后。但庙制有东西厢，有序墙，寝制唯室而已。故《释宫》云‘室有东西厢曰庙，无东西厢有室曰寝’是也。”这段话说得很明白：“庙”的建制完备，正殿有东西厢房和东西墙，“寝”则只有室，收藏保存着祖先的衣冠。从这里引申出来，把王宫的前殿和贵族住房的前厅也称作“庙”。

由此可知，“庙”是祭祀祖先、供奉神位的私人场所，而“寺”是佛教信徒拜神的公共场所。大概因为二者都是拜神的场所，到了西晋末年，“寺”和“庙”连用，成为佛教庙宇的通行称谓。当时有位来自西域龟兹的高僧叫佛图澄，本想在洛阳建造寺院，不料遭逢战乱，后来被后赵皇帝石勒所礼遇，呼为“大和尚”。佛图澄学识渊博，道德高尚，门下受业者常有数百人，前后门徒近万人，而且所到州郡，皆立佛寺，共八百多所，弘法的盛况，在中国历史上罕有其匹。据《晋书》记载：“百姓因澄故多奉佛，皆营造寺庙，相竞出家。”从这时起，“寺庙”成为了佛教寺院的通行称谓，一直沿用到了今天。

天网恢恢，疏而不失（《老子》） 网

汉字身世小档案

- “网”的甲骨文是一个象形字，像用两根棍子插在地上的一张网。
- 古人的分类很细，捕鱼的网称作“罟”，捕鸟兽的称作“网”。
- 再仔细区分的话，“网”是捕兽的工具，“罗”是捕鸟的工具，所以“网罗”合称捕捉鸟兽的工具。

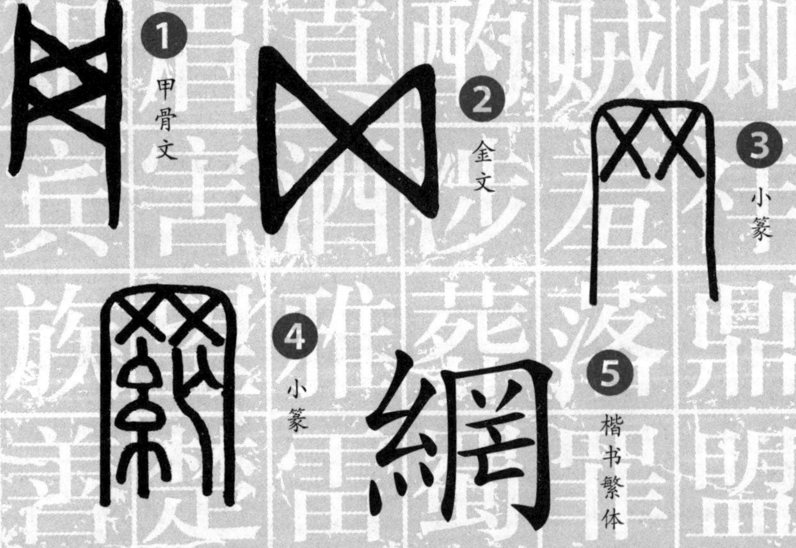

今天我们使用的“网络”，其形象就跟“网”字刚造出来的字形一模一样。

网，甲骨文字形❶，这是一个象形字，两边用两根棍子插在地上，中间是一张网。金文字形❷，加以简化，中间的网眼儿空隙很大。小篆字形❸，更像一张张开的渔网。其繁体的小篆字形❹，不仅增加了一个“糸”字旁，表示渔网是用“丝”结成的，而且还添加了一个“亡”字表声，如此一来就变成了一个形声字，而且字形变得极为繁复。楷书繁体字形❺，把“糸”字旁移到了网的外面。简化后的字体又接近了“网”字的甲骨文字形。

《说文解字》:“网，庖牺氏所结绳以田以渔也。”庖牺氏就是伏羲，是中华民族的人文始祖，相传他结绳为网，用来捕鸟打猎，并教会了人们渔猎的方法，因此许慎才说“庖牺氏所结绳以田以渔”。《周易·系辞》也有记载：“古者包羲氏之王天下也……作结绳而为网罟，以佃以渔。”罟读作gǔ，古人分类很细:捕鱼的网叫罟，捕鸟兽的叫网。《盐铁论》中说：“网疏则兽失。”可以从中看出“网”和“罟”的区别。后来“网”和“罟”都泛指网，不再作这么详细的区分了。

再仔细区分的话，“网”捕兽，“罗”捕鸟，“罗网”或“网罗”合成捕捉鸟兽的工具。《老子》有名言：“天网恢恢，疏而不失。”上天的罗网广大无边，虽然稀疏，但却绝不会有漏失，因此“网”又可以引申为法网。我们现在说的“关系网”也是从“网的组织之细密”引申而来的。

商代开国国君叫汤，是一个仁义之人。有一次外出，他看到野外有人张开四面的网捕捉鸟兽，嘴里还念念有词地祷告：“自天下四方皆入吾网。”愿天下四方的鸟兽都进入我的罗网。汤觉得这个人太残忍，于是上前劝道：“你这样会把鸟兽全捕光的！你撤掉三面网，只用一面也能捕到鸟兽。”那人表示怀疑，汤接着说：“你留下一面网，然后祷告：‘欲左，左；欲右，右。不用命，乃入吾网。’鸟兽啊！你想从左边走就往左边走，想从右边走就往右边走，不听从我的命令的，那就撞进我的网来吧！”于是那人照做了。

天下的诸侯听说了汤的这件义举，感动得五体投地，都说:“汤德至矣，及禽兽。”汤的德行真是达到了极点啊，甚至连禽兽都这么爱护，真是圣人啊！于是纷纷前来归顺，前后总共有四十六国之多。夏朝在位的国君桀却是贪酒好色之徒，拿人命当儿戏，又时常剥削民力，使农事荒废，以至于天怒人怨，老百姓对桀痛恨到了极点，喊出了“是日何时丧？予与女皆亡”的最强音。于是汤乃顺天命，应人心，讨伐夏桀，诸侯归服,平定海内。后人就用“网开三面”比喻法令宽大,恩泽遍施，能够给罪犯一条新的出路。

年

白发催年老，青阳逼岁除（孟浩然）

汉字身世小档案

- “年”的甲骨文是一个会意字，像一个人背着一捆稻禾回家的样子。
- “过年”就是在一年的最后一天举行祭祀祖先的活动，去旧迎新。
- “同年”除了指出生于同一年之外，还可以指同科中士。

1 甲骨文

2 甲骨文

3 金文

4 小篆

中国人每年都要过年，这个“年”字到底是怎么来的呢？

年，甲骨文字形❶，这是一个会意字，上面是“禾”，像一棵沉甸甸的庄稼，下面是一个面朝左、手臂下垂的人，会意为庄稼成熟，人背负着庄稼运回家去。叶玉森《说契》解释道：“疑从人戴禾。禾稼既刈，则捆为大束，以首戴之归。”意思是人头顶着沉甸甸的庄稼回家。甲骨文字形❷，更像人背着“禾”的样子。金文字形❸，下面的人形讹变为“千”。小篆字形❹，紧随金文字形的讹变，因此许慎把“年”归类为形声字，“从禾千声”，这是错误的。

《说文解字》：“年，谷熟也。”“年”的本义就是丰收。《谷梁传》说：“五谷皆熟为有年也。”又说：“五谷大熟为大有年。”都是这个意思。庄稼收割完毕，古人要庆祝丰收，同时祭祀祖先神灵，这个节日就称作“年”。邢昺解释道：“年者，禾熟之名，每岁一熟，故以为岁名。”不过据《尔雅》记载，尧舜的时候不叫“年”，而叫“载”；夏代的时候叫“岁”；商代的时候叫“祀”；一直到了周代才改称“年”。

中国民间有一个流传久远的传说，认为“年”是一种怪兽，人们过年放鞭炮是为了赶走这头怪兽，辟邪驱凶，保佑家中平安。不过放鞭炮的习俗起源很晚，南朝宗懔的《荆楚岁时记》载：“正月一日，鸡鸣而起，先于庭前爆竹、燃草，以辟山臊恶鬼。”在火药发明之前，古人用火烧竹，毕剥发声，以驱除山鬼瘟神，称作“爆竹”。但是周代时已经有了“年”，可见“年”是一头怪兽的说法只是民间相沿的传说，实际上“年”的形成还是跟岁末的祭祀有关，这从“载”（尧舜）、“岁”（夏）、“祀”（商）一直到“年”的演变就可以看得很清楚。

“载”有祭祀的意思，比如载社就是祭祀社庙，载璧就是祭祀时所用的玉；“岁”和“年”同义，一年的最后一天要举行仪式，击鼓驱疫，谓之逐除，这就叫“岁除”，也含有祭祀的意思在内；“祀”就更不用说了。因此，相沿而到周代的“年”字，仍然继承了前几代祭祀的含义，跟岁末的祭祀有关。今天我们所说的“过年”，意思就是在一年的最后一天举行祭祀祖先的活动，把这个旧年过去，迎接新的一年，这才是“过年”的本义。孟浩然有诗：“白发催年老，青阳逼岁除。”青阳是春天，逼着“岁除”，一年赶紧过完，好迎来万物复苏的春天。

需要注意的是，除了一年、年龄等义项之外，“年”还有一种比较独特的用法，就是科举时代同科考中的人的互相称呼，比如年谊即指同年登科的关系。《儒林外史》：“你我年谊世好，就如至亲骨肉一般。”又可互称同年，除了指出生于同一年之外，还指同科中士，唐人李肇说：“（进士）俱捷谓之同年。”清人顾炎武说：“同榜之士，谓之同年。”

华

桃之夭夭，灼灼其华（《诗经》）

汉字身世小档案

- “华”的金文字形是一个象形字，也就是花的样子，它的本义就是“花”。
- “华”是指花朵，由于花朵有各种颜色，因此黑白相间的头发称为“华发”。

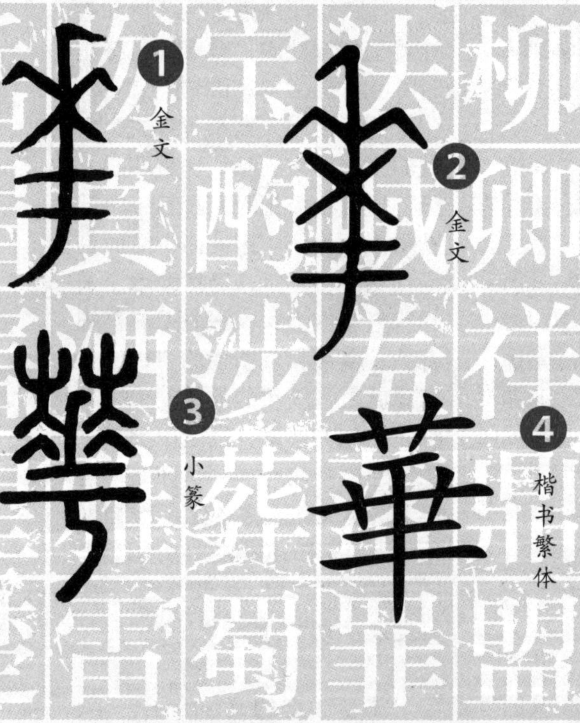

汉民族称华夏族，中国又称中华，“华”字如何演变成这样的称谓的呢？

华，金文字形❶，这是一个象形字，可以看得很清楚，上面是花朵的形状，下面是承托的花蒂，花蒂上开出花儿来，因此“华”的本义就是“花”。比如《诗经·桃夭》中的名句“桃之夭夭，灼灼其华”。以前没有造出“花”这个字的时候，人们就用“华”来称呼“花”。“花”是后来才造的字，到了后世，凡是开花的意思都写作“花”，“华”的本义就此泯灭了。金文字形❷，字形区别不大。小篆字形❸，比金文字形画得更像花蒂承托着花朵。楷书繁体字形❹，将花蒂和花朵的形状全都简化成了横竖结构，完全看不出花儿的形状了。简化后的字体跟“花朵”没有任何关系。

《说文解字》：“华，荣也。”许慎的这个解释，把同样作为花儿的通称的“荣”字跟“华”字混为一谈了。据《尔雅·释草》：“木谓之华，草谓之荣。”这是说木本植物开的花儿叫“华”，草本植物开的花儿叫“荣”。后来“荣”也用作花儿的通称。有个成语叫“华而不实”，是指光开花不结果，比喻那些外表好看，可是虚有其表却毫无实际内容的人和事物。《论语·子罕》中有句话：“苗而不秀者有矣夫；秀而不实者有矣夫！”谷物抽穗扬花叫“秀”。这句话的意思是：庄稼出了苗而不能抽穗扬花，以及抽穗扬花却不结果实这两种情况都存在。“秀而不实”跟“华而不实”意思相近，都是只开花不结果的意思。

“华”是花朵，花朵有各种颜色，于是把黑白相间的头发称作“华发”，老年人白头发最多，又将老年人称作“华首”。花朵颜色艳丽，“华”又引申出华丽的意思，这就跟汉民族自称“华夏”接上了轨。《尚书·武成》：“华夏蛮貊，罔不率俾。”率俾（lǜ bǐ）是顺从之意。这句话的意思是说：华夏和四方的蛮貊部落，没有不顺从周武王的。孔颖达如此解释“华夏”的称谓：“中国有礼仪之大，故称夏；有服章之美，谓之华。”孔安国也说：“冕服华章曰华，大国曰夏。”因此“华夏”就是服饰华美的大国，这是先秦时中原一带国家骄傲的自称，以区别于落后的蛮夷部落，后世演变为中国的别称，“中华”的称谓也由此而来。

我国古代宫殿、陵墓等大型建筑物的前面都有华表，最著名的是天安门前的华表。为什么叫“华表”？很多解释都似是而非。其实原因还是跟“华”的本义有关。花朵颜色艳丽，因此“华”引申出彩色之意，特指彩色或花纹美丽的雕绘或装饰，比如“华轩”是指雕有纹饰的曲栏，“华衮”是王公贵族穿的多彩的礼服，“华幄”是指帝王所居的华丽的帷幄。“华表”上面雕有龙、白鹤和云纹等各种纹饰，因此称“华表”。

休

南有乔木，不可休思（《诗经》）

汉字身世小档案

- “休”是一个会意字，像人依靠树木休息的样子。
- 古代最早把休假制度叫作“休沐”，意思是可以让官员放假回家，休息洗头发。
- “致仕”是指把做官的禄位还给国君，即退休之意。

1 甲骨文

2 金文

3 小篆

“休”这个字的义项很多很丰富，但本义却很简单。

休，甲骨文字形❶，这是一个会意字，右边是一棵树（木），左边是一个面朝左背靠着树的人，会意为人依傍着大树休息。金文字形❷，人靠着大树的样子更加形象。小篆字形❸，与甲骨文、金文相比变化不大。

《说文解字》：“休，息止也，从人依木。”唐代字书《五经文字》说：“休，像人息木阴。”这是对“休”字字形更准确的解释。《诗经·汉广》：“南有乔木，不可休思。”南方有高大的树木，因为高大而没有树荫，无法在下面休息。请联想一下“休”字的字形，《汉广》中这位劳累的行人遇到的偏生是高大无荫的树木，真是郁闷！

由“休”的本义可以引申出停止、辞职、解除婚姻、休假等义项。更有趣的是，人休息的时候身心放松，没有那么多的思虑，尽情享受着闲暇时光，因此“休”又可以引申出美好、喜悦、吉祥、悠闲等义项。比如《周易》：“君子以遏恶扬善，顺天休命。”顺从天子美善的诏命。又比如《诗经·菁菁者莪》：“既见君子，我心则休。”见到了那位君子，我心中喜悦。还有休戚与共、休戚相关的成语，“戚”是忧愁，“休”是喜乐，形容同甘共苦。

古代的休假制度称作“休沐”，沐是洗头发，“休沐”的意思就是放假回家，休息洗头发。鲜为人知的是，五天工作制早在汉代就开始施行了。据《汉律》记载：“吏五日得一休沐。”工作五天，可以回家休息，整理一下个人卫生。据《史记·高祖本纪》记载：“高祖五日一朝太公，如家人父子礼。”贵为汉高祖的刘邦也照例遵循五天工作制，工作五天之后，放假一天，回家去探望一下自己的父亲。

五天工作制一直延续到唐代，唐代则有所改变，称作“旬休”，即每十天休假一天。“唐法，旬休者一月三旬，遇旬则休沐，即十日一洗沐也。”也就是说，每月的初十、二十和月底各休假一天，施行的是十天工作制。宋朝官吏的休假制度更加宽松，全年的实际休假达到98天。明清时期的休假制度则变化较大，休假的时间越来越短，但是工作效率却未必能够提高。古时还有丁忧制度，这是为父母守丧的制度。父母死后，子女要守丧三年，不得做官，不得婚娶，不得赴宴，不得应考。

“退休”一词始见于唐代。韩愈《复志赋序》：“退休于居，作《复志赋》。”《礼记·曲礼》规定：“大夫七十而致事。”白居易有诗《不致仕》：“七十而致仕，礼法有明文。”致事也叫致仕，就是退休的意思，是指把做官的禄位还给国君，即退休之意。明清两代则规定：“文武官六十以上者，皆听致仕。”跟今天的退休年龄一样。

朵　朵颐进芰实，擢手持蟹螯（柳宗元）

汉字身世小档案

- “朵”的小篆字形是花实下垂的样子。
- “朵”可以引申出两旁的意思，因此正楼两侧的楼称作“朵楼”，大殿的左右走廊称作“朵廊”。
- “朵”跟“颐”连用，就是指鼓着腮帮子大嚼特嚼食物，因此必定是美食。

❶ 小篆

❷ 金文「颐」

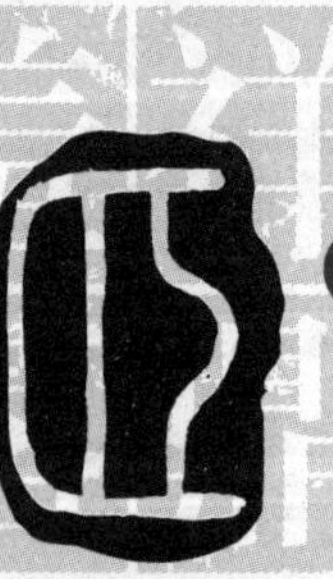

❸ 小篆「颐」

❹ 小篆「颐」

“朵”是个后起的字，小篆字形❶，这是一个象形字，下面是“木”，上面像花朵的形状。《说文解字》：“朵，树木垂朵朵也。”段玉裁解释道：“凡枝叶花实之垂者皆曰朵朵。”既然是花实下垂的形状，那么花儿当然就可以称为“花朵”了。

至于“耳朵”这一称谓，可作两种解释：一是耳垂下坠的形状跟花实下垂的形状相似，“树木垂朵朵”的说法可以径自改为“耳垂朵朵”，故称“耳朵”；一是花实下垂在树木旁边，因此“朵”字引申出两旁的意思，比如古人将正楼两侧的楼唤作“朵楼”，大殿的左右走廊唤作“朵廊”，均属这样的用法，耳朵刚好位于头部两旁，故称“耳朵”。

“朵”还可以用作动词，意思是“动”。这是因为花实累累下垂，轻风一吹就会随风拂动。长沙马王堆汉墓出土的帛书中有《黄帝四经》一书，其中《十六经·正乱》一文中写道：“我将观其往事之卒而朵焉，待其来事之遂形而私焉。”这两句话的意思是：我将要考察蚩尤过去的所作所为而采取行动，静待蚩尤将来坏事做尽再配合采取的行动。这里的“朵”就是动词。

最奇特的是，“朵”和“颐”这两个字居然可以结合在一起！比如有“大快朵颐”这个词，意思是大饱口福。

“颐”的古字写作“𦣞”，也就是“颐”字的左边一半，金文字形❷，这是一个象形字。段玉裁说：“横视之，则口上口下口中之形俱见矣。”这是咧开嘴笑时下巴的样子，不过画的时候把宽下巴竖起来了，里面的两个黑点代表牙齿。如果说金文字形还不是十分形象的话，那么我们以小篆字形❸，可以看得很清楚：横过来看，上面是嘴巴的形状，下面往下凸起的部分是下巴，因此“颐”的本义就是下巴。

颐，小篆字形❹，右边添加了代表头的“页”，变成了一个形声字。

有一个成语叫“颐指气使”，意思是：不说话，光用下巴示意对方或下属如何如何做，傲慢的样子多么形象！还有“解颐”，意思是开颜欢笑，高兴得下巴都张开了。不过古时候的下巴包括口腔上下两部分，即上颌和下颌，而今天更多的是仅仅指下颌。咀嚼食物的时候，上下颌要共同运动，因此“颐”这个字就跟饮食扯上了关系。《周易》第二十七卦叫“颐”卦，通篇讲的就是饮食营养的养生之道，其中出现了“朵颐”一词：“初九，舍尔灵龟，观我朵颐，凶。”灵龟用于占卜，因此非常珍贵，用来比喻财宝。“朵颐”即鼓动下巴或腮颊咀嚼食物。这一卦是劝谕之辞，意思是：你不爱惜自己最珍贵的东西，反而舍弃自己的财富，艳羡地来看我鼓着腮帮子吃东西，这就十分凶险了！

柳宗元有诗：“朵颐进芰实，擢手持蟹螯。”芰（jì）实就是菱角。不张开下巴和嘴巴，菱角怎么能够吃进嘴里？这几乎是量身定做，专门用来解释“朵颐”的一句诗！鼓着腮帮子大嚼特嚼的必定是美食，因此“朵颐”一词又引申为向往、馋羡的意思。明代文学家沈德符在《万历野获编》一书中曾经描述过一个官位空缺的有趣场景：“辛丑年，浙江吏部缺出，朵颐者凡数人。”用“朵颐”来形容觊觎官位的猴急模样，实在是太形象了！仅仅“朵颐”还不过瘾，古人又在前面加上了一个程度更深的“大快”，非常快活，那么这顿盛宴一定是大饱口福了！

“颐”跟饮食的养生之道扯上关系之后，又引申出保养的意思，比如颐神（保养精神）、颐年（保养延年）、颐老（养老）、颐养天年。又比如颐和园，就是取“颐养冲和”之意。

孝

子爱利亲谓之孝，反孝为孽（贾谊）

汉字身世小档案

- “孝”的甲骨文字形是一个会意字，会意为一个孩子拉着老人在行走的样子。
- 儒家所提倡的孝，是无条件服从父母吗？
- 人懂得孝顺，也有懂得孝顺的动物，所谓“孝鸟”，居然是人们非常厌恶的乌鸦。

《孝经》开宗明义章第一："身体发肤，受之父母，不敢毁伤，孝之始也；立身行道，扬名于后世，以显父母，孝之终也。夫孝，始于事亲，忠于事君，终于立身。"

孝，甲骨文字形❶，这是一个非常有趣的会意字，上面是一位长头发的老人，下面是"子"，字形就像一个孩子拉着老人行走。金文字形❷，比较复杂，一位长头发的老人，怀里抱着一个孩子，老人用手抚摸着孩子。金文字形❸，含义更加显豁：上面一位长头发的老人用手按着下面小孩子的头，小孩子用头扶持着老人行走。金文字形❹，老人长发飘飘的样子更加形象。小篆字形❺，跟金文差不多，不过老人的手不见了。

《说文解字》："孝，善事父母者。"可见"孝"的本意就是孝顺父母。贾谊则解释说："亲爱利子谓之慈，反慈为嚚；子爱利亲谓之孝，反孝为孽。""嚚（yín）"是暴虐愚顽。双亲对子女不慈谓之"嚚"，子女对双亲不孝谓之"孽"。

"孝"是儒家伦理思想的核心概念，孝道因此成为中国两大基本道德准则之一，另一个基本道德准则是"忠"。数千年来，人们把忠和孝视作天性，甚至当作区分人类和禽兽的标志。但是自五四运动以来，随着对传统文化的全面批判，中国人开始对传统的孝道产生怀疑，将孝道视作封建礼教大加挞伐。但是在儒家学说中，是否真的要求必须一切听从父母呢？我们来看看孔子是怎样教育弟子"孝道"的。

曾点和曾参都是孔子的弟子，曾点是父亲，曾参是儿子。有一次，曾点支使儿子去给瓜苗培土，曾参干活的时候不小心锄断了瓜苗的根，曾点很愤怒，像所有脾气暴躁的父亲一样，拿着一根大杖子劈头盖脸揍了曾参一顿，把儿子打得躺在地上昏迷了过去。曾参苏醒过来的第一件事就是赶紧跑到父亲面前，问候父亲道："刚才儿子做了错事，惹您生气了，您费这么大力气揍了我一顿，我是罪有应得，您没事吧？"

问候完父亲，曾参忍着身上的剧痛，装作若无其事的样子走进书房，操起一把琴就弹了起来，故意使声音很大，让父亲远远地就能够听见。这番做派的意思是生怕父亲气消了之后，转而开始担心把儿子打坏了，心里担忧。

没想到马上就有人把这起事件报告给了孔子。孔子听了大怒，对弟子们说："曾参如果来听课，不要放他进门！"曾参听说老师竟然怪罪自己，心里很不服气，就托人向老师要一个说法。孔子对来人说："回去转告曾参：难道你没有学习过舜和父亲的故事吗？当年舜的父亲生气的时候，如果用短木棍教训舜，舜就老老实实地挨打：可是如果用大杖子教训舜，舜立马就逃得远远的。你曾参可好，明明知道父亲暴怒之下没轻没重，你还不逃走，硬生生地挨父亲的大杖子，如果你被打死了，那不是陷你父亲于不义吗？还有比这更大的不孝吗？你父亲难道不是天子的子民吗？设想一下如果你父亲杀了人，该是多大的重罪？你死了两腿一蹬，可你父亲还得承担杀人的后果呢！"曾参一听出了一身冷汗，赶紧登门向老师谢罪。

这个故事记载在《孔子家语》中。在常人的印象中，身为至圣先师的孔子是一副仪态庄严的刻板形象，可是看看他怎样向弟子解释什么是"孝道"的，他竟然要求儿子在父亲暴怒的时候赶紧逃跑！可见孔子所提倡的孝道跟后世无条件服从父母的孝道完全不一样啊！

寿

如南山之寿，不骞不崩（《诗经》）

汉字身世小档案

- “五福临门”的“五福”原来是指寿、富、康宁、攸好德、考终命。
- “寿”在金文字形中是会意字，像一个老人在做农活的样子，会意为参加劳动才会长寿。
- 古人把人的寿命分成上寿、中寿、下寿三种，八十岁以上寿终正寝称为喜丧，丧事当作喜事办。

“五福临门”是中国民间的一句吉庆用语，过春节相互拜年时经常使用，春联上更是出现得非常频繁。“五福”到底是哪五种福气呢?

“五福”出自《尚书·洪范》：“一曰寿，二曰富，三曰康宁，四曰攸好德，五曰考终命。”“康宁”是指身体安康，没有疾病；“攸好德”是修习美好的德行；“考终命”的“考”是老的意思，“考终命”即尽享天年，寿终正寝。东汉学者桓谭在所著《新论》中进一步解释道:“五福:寿，富，贵，安乐，子孙众多。”这“五福”浓缩了中国人的终极理想，现代人仍然兢兢业业地遵循，只不过“子孙众多”的冲动弱化了下来。

“五福”中有两福（寿、考终命）都跟寿命有关，而且头一福就是“寿”，这也是远古人类的原始意识。古人把人的寿命分成上寿、中寿、下寿三种，有关三种寿命的年龄，说法不一，《庄子·盗跖》说：“人上寿百岁，中寿八十，下寿六十。”唐代学者孔颖达说：“上寿百年以上，中寿九十以上，下寿八十以上。”高寿既是古人的追求，也是最大的福气，所以按照古代的礼节，活到八十岁以上寿终正寝的，送礼不用白布，而是用红色的挽联和红色的帐子，这称为喜丧，是说丧事当作喜事办。

“寿”字字形的演变非常有意思。寿，金文字形❶，这是一个会意字，但到底是怎么会意的却众说纷纭。有学者认为，下面的曲线“为耕耙过的田地的纹路，像老人脸上的皱纹”，两个“口”是表声符号。也有学者认为，下面的曲线表示延续，两个“口”则为肉形，代表身体，会意为生命延续，活得长久。还有学者认为寿字字形的上面是“老”字的上半部分，像一位头发长长的老人，下面的曲线表示田垄或耕田的痕迹，左右两个半圆形表示耕田的犁具。这样来看，“寿”字显然是农业社会的反映，意思是说老年人不能光坐着不动，要经常参加劳动，在田地里耕作才会长寿。

我认为以上诸说都不妥。“寿”字下面的曲线代表田畴，两个“口”应该是祭祀所用的器具的形状。古时乡间有四时之祭，祭祀土地神和谷神，祈祷丰收。字形上面添加了一个“老”，表示德高望重的老人主持祭祀仪式。整个字形会意为祈祷老人长寿。

寿，金文字形❷，最下面添加了一个酒具，用酒为老年人祝寿。金文字形❸，在酒具的旁边又添加了一只手，意思是手捧酒具为老年人祝寿。小篆字形❹，与金文相似但更加规范化。楷书繁体字形❺，失去了最初的形象，只有手（寸）的样子还在，外形上完全看不出为什么这样造字了。简化后的字体则完全看不出造字的原意了。

《说文解字》:“寿，久也。”《诗经·天保》:“如南山之寿，不骞不崩。”如同南山一样长寿，不亏损不崩塌。古人甚至幻想出一种生长年岁长久的仙木，唤作寿木：“寿木，昆仑山上木也。华，实也。食其实者不死，故曰寿木。”“有寿木之林，一树千寻。日月为之隐蔽。若经憩此木下，皆不死不病。”出于对活得长久的美好愿望，古人还把棺材叫作寿木。从汉代开始，年满七十岁的老者可以得到朝廷赐拐杖的荣誉，这种拐杖叫鸠杖，是用玉制成的，可见古人对长寿者的尊崇。赏赐鸠杖的习俗一直延续到明清，乾隆皇帝有一次开“千叟宴”，参加宴会的老者达三千九百多人，每人都被赏赐了一根鸠杖，令人叹为观止。

赤

大人者，不失其赤子之心者也（《孟子》）

汉字身世小档案

- “赤”的甲骨文字形是一个会意字，像一个人在火上烤，因此会意为红色。
- 古人立夏的时候要在都城的南郊祭祀赤帝，表示炎炎夏日就要来了。
- “赤子”本义指婴儿，这是因为刚出生的小孩全身红彤彤的缘故。

❶ 甲骨文

❷ 金文

❸ 小篆

赤就是红色，但为什么指代红色呢？相信很多人都不太清楚。

赤，甲骨文字形❶，这是一个会意字，上面是人形（“大”的甲骨文字形就是一个人形），下面是火，人在火上被烤得红红的，因此会意为火的颜色，即红色。金文字形❷，接近甲骨文，火的形状更清楚。小篆字形❸，人和火的形状仍然看得很清楚。

《说文解字》:“赤，南方色也。”古人将青、赤、白、黑、黄五种颜色称为正色。根据五行学说，五种正色又有方位的区别，即东方谓之青，属木；南方谓之赤，属火；西方谓之白，属金；北方谓之黑，属水；天（中央）谓之黄，属土。因此南方之神就是火神，名为赤帝祝融，立夏的时候要在都城的南郊祭祀赤帝，表示炎炎夏日就要来了。

中国有一个著名的别称叫作“赤县神州”，人尽皆知，但是为什么叫作“赤县神州”呢？在《史记·孟子荀卿列传》中，司马迁记载了一位叫驺衍的齐国人，他提出一种学说：“以为儒者所谓中国者，于天下乃八十一分居其一分耳。中国名曰赤县神州。赤县神州内自有九州，禹之序九州是也，不得为州数。中国外如赤县神州者九，乃所谓九州也。”驺衍的意思是说，在黄帝之前，天下非常之大，所谓“中国”仅仅占了八十一分之一，这八十一分之一叫作“赤县神州”。“赤县神州”之内又分为九州，即大禹治水后划定的九州：冀州、兖州、青州、徐州、扬州、荆州、豫州、梁州、雍州。这九州仅仅是中国之内的九州，中国之外还有九州，即大九州，即今天的世界范围。

我们一直有一个误解，认为古代的“天下”一词专指中国，因此而猛烈批判古人的“天下观”，批判这种认为中国是世界中心的自大心态。其实不然，从驺衍的理论中可看出，古人认为“天下”很大，中国仅仅占据其中的八十一分之一！

周人崇尚赤色，周武王斩杀殷纣王用的就是一把赤刀；周天子直接管辖的千里王畿称作“县”，故称“赤县”。“神州”之名即出自“大九州”，不过大九州说法不一，这里仅介绍《淮南子·坠形训》中的说法：“东南神州曰农土，正南次州曰沃土，西南戎州曰滔土，正西弇州曰并土，正中冀州曰中土，西北台州曰肥土，正北济州曰成土，东北薄州曰隐土，正东阳州曰申土。”取“大九州”起始的“神州”与“赤县”并举，故以“赤县神州”指代中国。

我们形容一个心地纯洁、毫无杂念的人，常常说这个人有“赤子之心”；形容那些人在海外却始终心怀祖国的人也常常使用“海外赤子”一词。“赤子”本义指婴儿，孔颖达解释道：“子生赤色，故言赤子。”颜师古解释说：“赤子，言其新生未有眉发，其色赤。”《孟子》说：“大人者，不失其赤子之心者也。”“赤子之心”即婴儿之心，婴儿之心当然纯洁无瑕，没有丝毫杂念。这里又引申出忠诚、真纯的意思，比如赤胆忠心。火发出的红光非常明亮，因此段玉裁说：“赤色至明，引申之，凡洞然昭著皆曰赤，如赤体谓不衣也，赤地谓不毛也。”赤条条一丝不挂，裸露也是“赤”的引申义。

声

放郑声，远佞人；郑声淫，佞人殆（《论语》）

汉字身世小档案

- “声”就是敲打石磬、传声入耳的意思。
- 古时候，“声”“音”“乐”这三者有很大的区别。动物只能分辨声，一般人只能听懂音，唯有君子才能通晓乐。
- 中医很早就用中医诊疗疾病，用五声来对应五脏。

1 甲骨文

2 甲骨文

3 小篆

4 楷书繁体

声，甲骨文字形❶，这是一个会意字：左下是“磬”的形状，磬（qìng）是一种乐器，用石头或玉制成，悬挂在架子上，击打使之发出乐声；左上是绳结，把磬系着悬挂起来；右边是一只大大的耳朵。整个字形会意为：耳朵听到了击打磬的声音。甲骨文字形❷，更加复杂化。据左民安先生解释：“是由五个部分拼合组成的一个字,左上部是‘磬’的形状，右边是一只手拿着一个敲打磬的小槌，中间有‘耳’和‘口’，表示‘话音入耳’就是‘声’。整个‘声’字，就是敲打石磬、传声入耳的意思。”解释得很清楚。

声，小篆字形❸，五个组成部分唯独少了一个“口”，这就变成了一个形声字，正如许慎所说：“从耳殸声。”“殸”是“磬”的古字。楷书繁体字形❹，跟小篆相比，几乎没有任何变化。简化后的字体，各个组成部分仅剩下了用绳结系起来的磬，而且还变形得非常厉害，完全看不出造字的原意了。

《说文解字》:“声，音也。”不过在古人看来，声、音、乐三者区别甚大,《礼记·乐记》中说：“凡音之起，由人心生也。人心之动，物使之然也。感于物而动，故形于声。声相应，故生变;变成方，谓之音。比音而乐之，及干戚羽旄，谓之乐。”简单而言，声是感于物发出的声音，音是咏唱而成的歌曲，乐是加入乐器伴奏演唱的乐曲。因此,《乐记》接着说：“知声而不知音者，禽兽是也；知音而不知乐者，众庶是也。唯君子为能知乐。是故，审声以知音，审音以知乐，审乐以知政，而治道备矣。”意思是说，最终形成的“乐”是伦理之道，又是治理政事之道，因此必须由声知音，由音知乐,这样才能达到“德”的高度。

古人把音乐分为五声，即宫、商、角（jué）、徵（zhǐ）、羽，分别相当于现在简谱中的1、2、3、5、6。这五声被古人称作正声，即纯正的乐声；与正声相反的称作淫声,指淫邪的乐声。春秋战国时期，郑国的溱（zhēn）水和洧（wěi）水之上，青年男女在此聚会，举行歌咏比赛，互诉爱情，这种俗乐不符合孔子提倡的雅乐，因此被称为“郑声”。孔子曾经评价道：“放郑声，远佞人。郑声淫，佞人殆。”把郑声跟佞人相提并论，可见对郑声的厌恶之情，郑声因此被称为乱世之音。卫国的音乐也是淫声，卫国的濮水之上有个叫桑间的地方，同样是青年男女聚会歌咏之地，因此也被斥为淫声，并且还诞生了一个成语“桑间濮上”，以指代男女幽会的地方，桑间濮上之音被称作亡国之音。

《周礼》中规定：“凡建国，禁其淫声、过声、凶声、慢声。”淫声如上所述；过声指悲哀和欢乐失之过分的音乐；凶声指亡国之声，如桑间濮上之音；慢声指惰慢不恭的音乐。这四类音乐都是严格禁止的。

在中医中，五声还被用来诊察病情,即呼、笑、歌、哭（悲）、呻。古人还把这五声与五行对应起来：“木在藏为肝，在音为角，在声为呼；火在藏为心，在音为徵，在声为笑；土在藏为脾，在音为宫，在声为歌;金在藏为肺，在音为商，在声为哭;水在藏为肾，在音为羽，在声为呻。”在中医看来，这五声都能够显示病人的病情。

戒

八戒夜持香火印，三光朝念蕊珠篇（白居易）

汉字身世小档案

- “戒”的甲骨文字形是会意字，像两只手持戈，表示戒备森严。
- “戒”的本义就是警戒的意思。
- 古代宫里的嫔妃，用不同材质的戒指和不同的佩戴方式，以表示能否侍寝或有无怀孕。
- 古代最隆重的“戒”就是斋戒，事前要沐浴更衣，使身心保持整洁，以示虔敬。

❶ 甲骨文

❷ 金文

❸ 小篆

戒，甲骨文字形❶，这是一个会意字，下方左右是两只手，上面是一把戈，两手持戈，表示戒备森严。金文字形❷，两只手移到了左下方。小篆字形❸，变成了上下结构。

《说文解字》："戒，警也。从廾持戈，以戒不虞。"不虞指意料不到的事。"戒"的本义就是警戒，戒备。孔子曾经说过君子有三戒："少之时，血气未定，戒之在色；及其壮也，血气方刚，戒之在斗；及其老也，血气既衰，戒之在得。"这段话的意思是：少年时，血气未定，戒的是女色；等到成年了，血气方刚，戒的是争斗；等到老了，血气已经衰败，戒的是贪得无厌。

"戒"的本义同样用于日常生活中经常出现的一种饰物，就是戒指。明人都卬在《三馀赘笔》中列有"戒指"的条目，其中写道："今世俗用金银为环，置于妇人指间，谓之戒指。按《诗》注：'古者后妃群妾以礼进御于君，女史书其月日，授之以环，以进退之；生子月辰，以金环退之。当御者，以银环进之，著于左手，既御者著于右手。'事无大小，记以成法，则世俗之名戒指者，有自来矣。"对于怀孕的后妃，宫中的女官要授给她一枚金环，表示不能与皇帝同床。要与皇帝同床的后妃，就授给银环，戴在左手表示即将和皇帝同床；戴在右手表示已经和皇帝同过床了。但是"戒指"这一称谓却并非在明代才出现，至迟到了元代就已经出现。戒指的"戒"同样使用的是本义，即戒止之意。甚至还有词典说"嫔妃月经来潮之日，即戴戒指，表明不可与帝王同房"。

古代最隆重的"戒"就是斋戒，古人说："洗心曰斋，防患曰戒。"又说："湛然纯一之谓斋，肃然警惕之谓戒。"斋戒前要沐浴更衣，使身心保持整洁，以示虔敬之心。《孟子》曾经说过："虽有恶人，斋戒沐浴，则可以祀上帝。"

白居易有诗《白发》："八戒夜持香火印，三光朝念蕊珠篇。"诗中的八戒是指佛教传入中国后，在家修行的信徒一昼夜之间受持的八条戒律，又称八关斋或八关戒，它们分别是："一不杀生，不杀生者，谓不断一切众生之命也，自不杀生，亦不教人杀生；二不偷盗，不偷盗者，谓不窃取他人财物也，自不偷盗，亦不教人偷盗；三不邪淫，不邪淫者，谓非己妻妾不行淫欲之事也；四不妄语，不妄语者，谓自不妄言，亦不可以虚妄之言而诳于他也；五不饮酒，不饮酒者，谓酒是乱性之本，起过之门，故不可酣饮也；六不坐高广大床，高广大床者，《阿含经》云：床高一尺六寸，非高也，阔四尺，非广也，长八尺，非大也，但过此量者，名高广大床，不宜坐也；七不着花鬘璎珞，不着花鬘璎珞者，谓不以花为鬘，珠玑为璎珞，而作身首之饰也；八不习歌舞戏乐，不歌舞戏乐者，谓自不习歌舞戏乐，及不得辄往他处观听，亦不教人歌舞戏乐也。"

如果以此标准来衡量的话，猪八戒完全不符合"八戒"的名字啊！

巫

潭潭村鼓隔溪闻，楚巫歌舞送迎神（欧阳修）

汉字身世小档案

- “巫”的甲骨文字形是一个象形字，可看作女巫行法时所用的道具。
- 古代女巫才能称为“巫”，男巫则称为“觋”。
- 男巫比女巫的地位高，在“巫”的右边添加了一个“见”，以表示地位较高。
- “小巫见大巫”来自《庄子》。

巫师、巫术、巫婆……都是今天的人们看来非常神秘甚至被认作迷信的东西，但是在古代，“巫”却跟人们的日常生活息息相关。

巫，甲骨文字形❶，这是一个象形字，但像什么东西，却众说纷纭。一种说法是像女巫行法时所用的道具；另一种说法是由两个“工”组成，“工”是曲尺之类的测量工具，掌握了这种测量天和地的工具的人即为“巫”；还有一种说法是“像二玉交错之形”，巫师持玉降神。金文字形❷，接近甲骨文。在战国后期秦国所刻的《诅楚文》中，“巫”字写作字形❸，中间部分确实像玉的形状。

“巫”的小篆字形❹，虽然仍是象形字，但字形却不一样了，不管是道具、工具还是玉形，它们的中间出现了两个女巫舞袖的形象。女巫行法时要挥舞衣袖，故以此象形。《说文解字》还收录了“巫”的一个古文字形❺，女巫手持道具，站在专用的降神台上舞蹈，下面又添加了两只手，就像众星捧月一样。

《说文解字》：“巫，祝也。女能事无形，以舞降神者也。象人两袖舞形。与工同意。古者巫咸初作巫。”这是许慎根据小篆字形得出的解释，与甲骨文和金文字形不符。为什么许慎说“巫”的字形象形的仅仅是女巫呢？这是因为，在古代女巫才能称为“巫”，男巫则称为“觋”（xí），男巫比女巫的地位高，因此在“巫”字的右边添加了一个“见”。“见”的甲骨文字形是在头上加了只眼睛，突出头部形象和眼睛的作用，以此表示地位较高。男巫也可以称为“祝”，是祭祀时主持祝告的人。

在我国，“巫”的起源很早，《山海经·大荒西经》中就罗列了十位巫师：“有灵山，巫咸、巫即、巫朌、巫彭、巫姑、巫真、巫礼、巫抵、巫谢、巫罗，十巫从此升降，百药爰在。”《海外西经》记载了巫咸之国：“巫咸国在女丑北，右手操青蛇，左手操赤蛇。在登葆山，群巫所从上下也。”《海内西经》也有记载：“开明东有巫彭、巫抵、巫阳、巫履、巫凡、巫相，夹窫窳之尸，皆操不死之药以距之。”窫窳（yà yǔ）是传说中的一种吃人的怪兽。据说最早的巫师叫作巫咸，因此这些典籍中屡屡出现巫咸和巫咸之国的名字。

欧阳修有诗：“潭潭村鼓隔溪闻，楚巫歌舞送迎神。”“巫”在楚国的地位非常高，楚人对巫非常推崇，尤其是对社会金字塔顶端的精英——大巫，更是顶礼膜拜。那时的巫，并非今天人们以为的神鬼之属，而俱是才学超卓之辈，医卜星相之术仅其小端。《论语·子路》中曾经说过：“南人有言曰：‘人而无恒，不可以作巫、医。’善夫！”南人即楚人，楚人认为没有恒心的人不可以作巫和医，正表示他们对巫的尊重。

《国语·楚语》中有段话，反映了楚人对巫的正式看法：“古者民神不杂，民之精爽不携二者，而又能齐肃中正，其智能上下比义，其圣能光远宣朗，其明能光照之，其聪能月彻之，如是则明神降之，在男曰觋，在女曰巫。”庄子乃楚人后裔，因此对“巫”的理解非常深刻，著名的“小巫见大巫”这一俗语就出自他。“小巫见大巫，拔茅而弃，此其所以终身弗如也。”“茅（zhù）”是一种生长在沼泽旁边的草。小巫见到大巫之后，已经拔出来作为法术用的茅草就扔掉了，表示自己不敢在鲁班门前弄大斧，一辈子也比不上大巫。这当然是个比喻，比喻两者之间高下悬殊，差距太大。

至于“巫山”之名，是因为此山的形状酷似“巫”这个字的字形，故取名“巫山”，并且演绎出了“巫山云雨”这段美丽传说。

闲

人闲桂花落，夜静春山空（王维）

汉字身世小档案

■“闲”是一个会意字，字形像门中有木的样子，会意为栅栏。

■“间”最初写作“閒”，像从门的缝隙看月亮的样子，会意字，会意为缝隙。

■《孙子兵法》中把间谍分为“五閒”：因閒、内閒、反閒、死閒、生閒。

❶ 金文

❷ 小篆

❸ 金文

❹ 小篆

“闲”这个字今天常用作空闲、悠闲、休闲，不过这些可不是它的本义。

闲，金文字形❶，这是一个会意字。《说文解字》：“闲，阑也，从门中有木。”门中有木就是栅栏，这才是“闲”字的本义。小篆字形❷，与金文很像。栅栏是用来防范陌生人的，因此“闲”引申为防范、戒备的意思。《易经》中说：“闲有家。”是指家中预先做好防范措施的意思。由栅栏的意思又引申出马厩之意，《周礼·夏官》：“天子十有二闲，马六种。”这是说天子有十二座马厩，有六种马。从马厩又引申出范围、伦理道德的界限之意，《论语·子张》：“大德不逾闲，小德出入可也。”意思是说，大节不能越过界限，小节有些出入也可以。

“闲”当作空闲解释，跟另外一个字“间”大有关系。不过上古的时候没有“间”字，“间”是后起的字，最初写作“閒”，金文字形❸，也是一个会意字，上部是一弯明月，月下是两扇门，会意为从门的缝隙处可以望见月亮。小篆字形❹。《说文解字》：“閒，隙也，从门从月。”夜里睡觉关上门，但是月光还是可以从门缝里透进来。段玉裁注：“门开而月入，门有缝而月光可入。”因此“閒”的本义就是空隙，当作这个义项的时候读作四声 jiàn。《史记·管晏列传》：“妻从门閒而窥其夫。”这是说妻子从门缝里窥探她的丈夫。

“閒”既为空隙之意，有缝隙就可以使用反间计挑拨离间，因此“閒”可引申出离间、间谍的意思。《孙子兵法》中把间谍分为“五閒”：因閒（敌国的乡民）、内閒（敌国的官员）、反閒（本来是敌国的间谍，为我所用）、死閒（向敌方提供假情况，事发后被敌方处死的人）、生閒（完成任务后活着返回的人）。

后来造出“间”字以后，人们开始把“閒”和“间”加以区别：读作二声 xián 的时候写作“閒”，读作一声 jiān 和四声 jiàn 的时候写作“间”。有意思的是，“閒”字里面的“夜月”变成了“间”字里面的“白日”，这是汉字漫长演变过程中非常有趣的现象。

“閒”和“闲”在古时候是通用的，因为“閒”的本义是空隙，因此引申为有空、空闲的意思。在此意义上的两个字开始成为通假字，比如王维的名句“人闲桂花落”，本来应该写作“人閒桂花落”。“闲”还可以跟“娴”通假，是娴静、娴雅的意思。曹植《美女篇》：“美女妖且闲，采桑歧路间。柔条纷冉冉，落叶何翩翩。”这里的“闲”就通“娴”。

经过漫长的字义演变，后来“閒”字慢慢被废弃，它的含义分别被“间”和“闲”所取代，而“闲”也慢慢失去栅栏的本义，变成空闲、悠闲、休闲等的专用字了。

我

昔我往矣，杨柳依依（《诗经》）

汉字身世小档案

- “我”在甲骨文中是个象形字，是一把兵器的样子。
- “我”因为是兵器，所以有危险之意，再由此假借为第一人称的称谓。
- 古时候，很少用“我”来自称，而是用“吾”字。
- “余”跟“吾”都是自称，但语气却有差别，用“余”比较舒缓，“吾”则较倨傲。

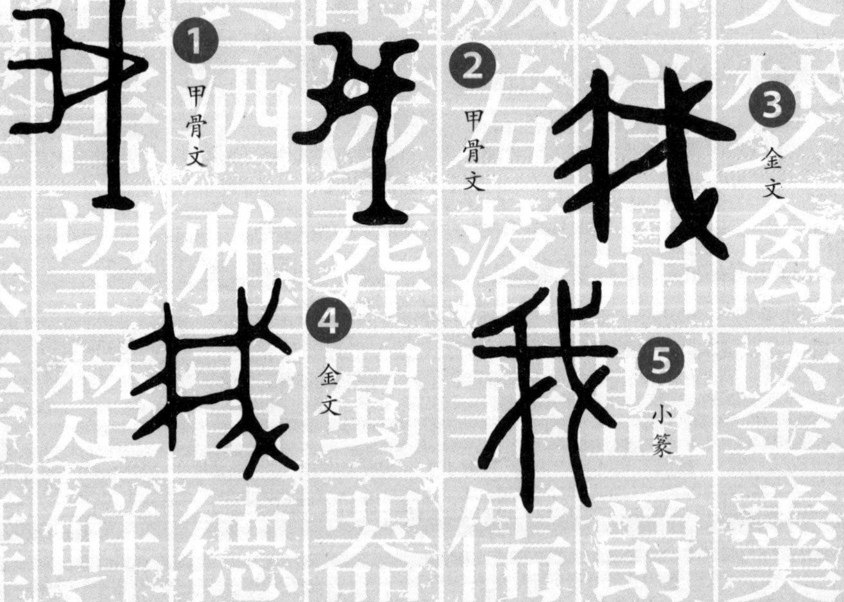

“我”被用作第一人称代词是假借来的，最早的“我”字并不是这个意思。

我，甲骨文字形❶，是一个象形字，左边是一把有三个锯齿的戈，右边是长柄，由此可知“我”的本义为带有一柄锯齿状的兵器。甲骨文字形❷，大同小异。金文字形❸，形状变得更加锋利。金文字形❹，锯齿更加突出，看上去有一种身体疼痛的感觉。小篆字形❺，还勉强能够看出来戈的形状。

周武王伐殷，在孟津渡发表了三篇《泰誓》，其中有“我伐用张，于汤有光”的誓词，此处用的就是“我”的本义。“我”是兵器，自然含有杀伐之意，“我伐”即杀伐。杀伐要进行了，对于殷商的开国君主成汤来说，这也是一种光荣。周武王的意思是说，殷纣王十分凶残，已经违背了开国君主所承受的天命，因此征伐纣王符合天命，连殷商的开国君主成汤也会感到光荣的。所以《说文解字》中说：“我，一曰古杀字。”即由此而来。

“我”既为兵器，则是一种危险的称谓。假借为第一人称代词之后，《说文解字》：“我，施身自谓也。”自己称自己为“我”，但此时的“施身自谓”已经被添加了许多自身之外的价值，比如著名的“修齐治平”的政治理想，修身的最终目的被归结于国和天下的“治平”，仿佛这具温热真切的身体早已被提前预订，用来服务于更长远、更宏伟的目标。“我”就这样被劫持，从危险的兵器，到不能自理、派生的附加价值，“我”的主体性情态从来没有彰显过，集体主义、家国一体的宏大叙事遂在这块土地上大行其是，派生之物反而僭居了原生之身。

《诗经·采薇》中有“昔我往矣，杨柳依依；今我来思，雨雪霏霏”的名句，但是古人很少用“我”字来“施身自谓”。想一想“我”字的字形中那些狰狞的锯齿就可以理解啦！北宋学者沈括在《梦溪笔谈》卷十八“技艺”章中，记载了一个有趣的人物：“有方士姓许，对人未尝称名，无贵贱皆称‘我’，时人谓之‘许我’。言谈颇有可采，然傲诞，视公卿蔑如也。”丞相数次召见，此人终于答允，却欲骑驴进门，门吏阻止，此人傲然曰：“我无所求于丞相，丞相召我来，若如此，但须我去耳。”骑驴而去，一时传为佳话。

古人用另一个字眼“吾”来自称。《说文解字》：“吾，我自称也。”庄子在《齐物论》中将“吾”和“我”连用，显示出了二者的区别：“今者吾丧我。”原来在上古时期，“吾”不能放在动词后作宾语。

还有两个第一人称代词：余，予。《说文解字》：“余，语之舒也。”表示语气的舒缓。其实这种解释是不确切的，“余”的本义是房屋，假借用作第一人称代词。朱熹曾经解释“吾”和“余”表达第一人称代词时的微妙区别：“余平而吾倨。”意思是说，用“余”自称的时候语气舒缓平和，用“吾”自称的时候语气倨傲。《说文解字》：“予，推予也，象相予之形。”意思是说，“予”是一个指事字，像两只手相予之形，因此本义为给予、授予，假借用作第一人称代词。

犹

心犹豫而狐疑兮，欲自适而不可（屈原）

汉字身世小档案

- “犹”和“豫”其实是两种动物，“犹”是一种猴子，“豫”是一种古象。
- “豫”是无害的大象，因此又引申为宽大舒缓之意，后又成了“娱乐”之“娱”的通假字。
- “犹”和“豫”这两种动物的共同点都是多疑，所以连用来形容迟疑不决的样子。

犹、豫连用，是人们常用的形容词，形容一个人迟疑不决的样子。人们常常把这个形容词挂在嘴上，却不知道何以用“犹豫”一词表示迟疑不决，为什么把这两个字组合在一起。

其实，“犹”和“豫”分别是两种动物。先说犹，甲骨文字形❶，左民安先生认为这是一个会意兼形声的字，右边是一条狗，左边是一尊酒器，因此“犹”的本义是犬守器。但许慎却认为这是一个形声字，左边的酒器“酋”表声。最有趣的说法是：右边的狗在偷喝左边酒器里的酒，喝醉后表现出动作迟缓的样子。不过我认为这是一个会意字，左边的酒器代表祭祀，右边的狗代表牺牲之犬，会意为用作祭祀的犬。

犹，金文字形❷，右边还是狗，左下还是酒坛，上面的“八”字形表示酒喝时酒糟下沉后溢出的水形，也就是“酋”字。小篆字形❸，狗移到了左边，变成了一个地道的形声字。楷书繁体字形❹。简化后的字体用“尤”代替“酋”作声符。

《说文解字》：“犹，玃属，从犬酋声。一曰陇西谓犬子为犹。”玃（jué）是一种大猴子，因此“犹”就是猴类，又叫犹猢。郦道元在《水经注》中详细地描写了这种动物的性状：“山多犹猢，似猴而短足，好游岩树，一腾百丈，或三百丈，顺往倒返，乘空若飞。”还有人说犹猢长得像麂子，还有人说“犹”就是长达五尺的大狗。

给《史记》作索隐的司马贞引用崔浩的话解释“犹”：“卬鼻，长尾，性多疑。”高鼻子，长尾巴，性情多疑，一旦发现有风吹草动，立马爬到树上观察敌情，如果没有发现什么动静，又从树上溜下来，四处张望，突然又开始生疑，又爬回树上观察……如此这般不停地折腾自己，因此有“犹疑”一词。

至于许慎所谓“陇西谓犬子为犹”，犬子即狗崽子，倒是很符合作为祭品的犬。

再说豫。“豫”是一个形声字，从象予声。《说文解字》：“豫，象之大者。贾侍中说：不害于物。”豫是一种古象，河南省简称“豫”，这是因为远古时期黄河流域森林茂盛，盛产古象，因而称为“豫州”。不过古象跟今天的大象不太一样，这种象身躯庞大，动作不灵巧，遇事总是摇摇晃晃，拿不定主意。《道德经》说它“豫兮，若冬涉川”，豫这种古象行动就像在冬天涉过河流一样，可见有多么小心翼翼，有多么犹疑不决。

因为“豫”这种古象是“象之大者”，即体形最大的象，因此“豫”可以引申为大的意思，古人说“市不豫价”，就是说不把价格哄抬起来以欺骗顾客。许慎引用贾侍中的话说，“豫”这种古象“不害于物”，即对别的东西没什么伤害，因此“豫”又引申为宽大舒缓的意义，宽大舒缓一定很舒服，因此远引申为“娱乐”之“娱”的通假字。

“犹”动作灵巧，“豫”却动作笨拙，但两种动物的共同点都是多疑，拿不定主意，所以人们就把这两种动物组合在一起，用来形容迟疑不决的样子。屈原在《离骚》中就是这样使用的：“心犹豫而狐疑兮，欲自适而不可。”犹豫和狐疑连用，都是表达迟疑不决的意思。不过，清代学者黄生有不同的看法，他认为“犹豫”是双声字，即声母相同，以声取义，本无定字，因此也可以写成“犹与”“由与”“尤与”“犹夷”等。从语言学上来说，黄生的看法很有道理，但是未免大煞风景，把“犹”和“豫”当成两种犹疑不决的动物该有多么好玩啊！

牢

天子社稷皆大牢，诸侯社稷皆少牢（《礼记》）

汉字身世小档案

- “牢”的甲骨文是一个会意字，是一头牛关在栏圈里面的样子，会意为牛圈。
- “牢骚”一词是从马夫在马房里一边刷马一边抱怨引申出来的。
- “牢”是关着牲畜的栏圈，于是又引申出当作祭品用的牛羊猪，例如“太牢”。

① 甲骨文

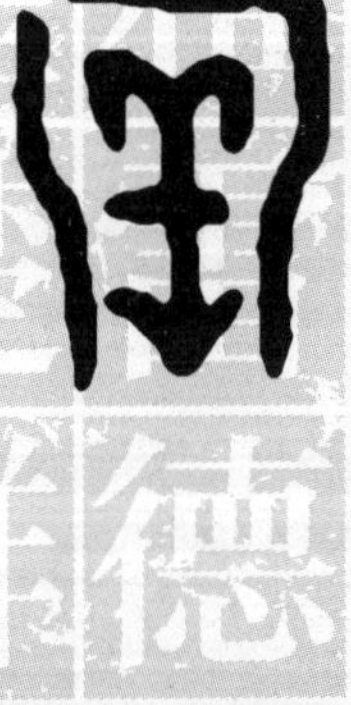

② 甲骨文

③ 金文

④ 小篆

“牢”字今天只当牢房讲，但是在古代，这个字的内涵丰富得让人无法想象！

牢，甲骨文字形❶，这是一个会意字，里面关着一头牛，外面像养牛的栏圈，因此会意为牛圈，进而泛指一般牲畜的栏圈。《说文解字》：“牢，闲养牛马圈也。”“闲”的本义就是栅栏，因此“牢”的本义就是养牛马等牲畜的栏圈，成语“亡羊补牢”就是这个意思。甲骨文字形❷，里面关着的是一只羊。金文字形❸，接近甲骨文。小篆字形❹，在牛圈门口又添加了一根横木，更加牢固地把牛拴在牛圈里跑不出来了。楷体字形虽然简化了，但仍然是一个会意字，能够很清楚地看出来“牢”的意思。

“牢”的本义既为“养牛马圈”，那么“牢骚”一词就很容易理解了。据《说文解字》，“骚”的本义是“摩马”，“摩马，如今人之刷马”，引申为“扰也”，马扰动的样子。刷马的时候马躁动不安，于是引申为因纷扰不安而导致的忧愁。刷马就是给马刷洗身体，梳理鬃毛，保持干净。马和马车是古代最重要的交通工具，赶马车的人被称为御者，用今天的话说就是马夫，因为马夫是干体力活儿的，所以地位低下。一天劳累下来，晚上还要在马圈里刷马。伴随着马的扰动，马夫不免哀叹自己的身世，有抱负的人更有怀才不遇之感。整天窝在马圈里伺候马，时间长了任谁都不会心情愉快，因此刷着刷着马夫就开始在马圈里发牢骚了。这就是“牢骚”一词的由来。

“牢”是牲畜圈，因为牛羊猪都要关进圈里，于是就引申出作祭品用的牛羊猪的意思来。《礼记·王制》规定：“天子社稷皆太牢，诸侯社稷皆少牢。”天子祭祀的时候使用太牢，诸侯祭祀的时候使用少牢。所谓太牢，是指牛羊猪三种牲畜全都具备；所谓少牢，是指只用羊和猪。旧说以为，甲骨卜辞里，指太牢的时候用“牢”字，指少牢的时候用“牢”字的甲骨文字形❷，就是因为少牢缺了牛的缘故。天子的礼节当然要盛于诸侯，因此而有太牢、少牢之别，可不能用现在的字义，望文生义地认为太牢是大监狱，少牢是小监狱，那就让人笑掉大牙了！

因为“牢”里面关的是牲畜，牲畜通常属于官方所有，牲畜越多，财产越丰盛，因此“牢”又引申出官方发给的粮食之意。比如牢赏指官方发给士卒军粮用以犒赏，牢直更是直接指粮饷。牲畜被关在栏圈里，因此“牢”又引申为关押犯人的地方，这就是今天使用的含义，如监牢、牢房、囚牢，等等，不胜枚举。从关牲畜到关押人，可见古人拿罪犯不当人看待。既然关押犯人，那么牢房必须牢固，因此“牢”又引申出牢固、坚固之意，比如著名的关隘虎牢关，就用“虎牢”二字形容此关隘极牢固，易守难攻。更有趣的用法是，“牢”还用来形容嘴紧，比如说“某人嘴牢着呢”，指人谨慎少言，口风极严，不轻易泄露隐私。

社

国君死社稷（《礼记》）

汉字身世小档案

- “社”在甲骨文中像一个土堆，后来引申为祭祀土地神的意思。
- 现在我们所使用的“社会”“社交”，都是从祭祀活动的意义引申出来的。
- “社”和“稷”是国家大事，常会一起举行，也因此引申为“国家”。

1 甲骨文

2 金文

3 小篆

4 金文「稷」

5 古文「稷」

6 小篆「稷」

社、稷连用指代国家，这大概是人人尽知的常识。虽然这个称谓在今人的口语中已经很少见了，但是报刊上仍然常常出现，比如江山社稷。尤其是天安门西北侧中山公园内的社稷坛，是北京著名的景点，因此“社稷”一词的来历和含义不可不察。

先说社，甲骨文字形❶，像地面上堆了一堆土。“土”其实就是“社”的初文，最初的祭祀还没有专门的建筑物，而是因陋就简，撮土成堆。但是为什么不把土堆中间给填实，那样岂不更像土堆的形状？那是因为要在甲骨上刻字，线条和轮廓更易于操作的缘故。金文字形❷,左边是“示”，凡是“示”字旁大都表示跟祭祀有关；右边下面是“土”，土上立了一根“木”。“土”当作泥土等义项后,人们添加了一个“示”字旁，另造出“社”字。《说文解字》:“社，地主也。”地主可不是今天说的地主老财，而是指土地之主，也就是土地神。因此“社”是一个会意字，封土为坛，坛上立木，“各树其土所宜之木”，比如松木、柏木、栗木等，要根据土壤特点决定适宜的树木。小篆字形❸，把土上之木去掉加以简化。

《礼记·祭法》中规定：“王为群姓立社，曰大社;王自为立社，曰王社;诸侯为百姓立社，曰国社;诸侯自为立社，曰侯社；大夫以下，成群立社曰置社。”制定了各个等级祭祀土地神的规章制度以及“社”的名称。后来把祭祀土地之神的场所也称为“社”，比如“社坛”。普通乡村也可以立社祭祀土地之神，所以种植和收获季节往往就是农村的“社日”，比如春耕前的社日称“春社”，立秋后的社日称“秋社”，立松木的社日叫“松社”。社日同时也是农村的节日，这一天农民们拿出肉、酒等丰盛的祭品献给土地之神，祈求风调雨顺，年年丰收。祭祀完毕后，人们敲锣打鼓，看戏作乐，社戏、社火等各式各样富有中国民间色彩的活动轮番上演，人人都沉浸在辛苦劳作之后的身心愉悦之中。中国自古以来以农业立国，因此“社”的分量在日常生活中占的比重很大，包括一些日常用语也都与“社”有关,比如“结社”“社会”“社交”，都是这一祭祀活动的反映。

再说稷，金文字形❹，这是一个会意字：左边是“示”，表示祭祀；右上是“田”和“儿”，即田人，农家的意思;右下是一只脚，表示农夫慢慢向前走着耕作，整个字形会意为耕作后的祭祀。《说文解字》收录的一个古文字形❺，左边的“示”变成了“禾”，右边把金文下面的一只脚给简化掉了，变成了一个形声字。小篆字形❻，又把那只脚给加上了。楷体字形下面的字符“夊”仍然表示脚。

《说文解字》:“稷，五谷之长。”有人说“稷”这种作物是粟，有人说是不黏的黍，还有人说就是高粱，说法不一。既是五谷之长，古人就把主管农事的官员称作稷官，又叫稷正；又把“稷”引申为谷神，后来把祭祀谷神的场所也称为“稷”，比如“稷坛”。“社”和“稷”一起祭祀，因此社坛和稷坛筑在一起，北京社稷坛就是这样筑成的，“社稷”也因此成为国家的代称。国君每年都会定时前往社稷坛祭祀土地和五谷之神，祈求五谷丰登，天下太平。《礼记》中规定：“国君死社稷。”国君要与社稷共存亡。

忍

是可忍也，孰不可忍也（《论语》）

汉字身世小档案

- 许慎认为，“忍”是形声字。
- “忍”更像一把刀插在心上的样子。
- “忍”字包含正反两种意义，例如敢于杀人和敢于不杀人，都是忍。

1 金文

2 小篆

《论语》说："小不忍则乱大谋。"《孟子》说："所以动心忍性，曾益其所不能。"很多人都认为忍耐是中国人的传统性格之一，这其实跟"忍"字的本义并不完全符合。

忍，金文字形❶，下面是一颗心，上面是锋利的刀刃。许慎认为"忍"是一个"从心刃声"的形声字，但我觉得倒像一个会意字。俗话说忍字头上一把刀，这把锋利的刀刃插到了人的心上，完全可以会意为忍耐之意。明代学者赵宧光就持这样的观点，他解释说："如刀刺心，忍意也。"小篆字形❷，变化不大。

《说文解字》："忍，能也。"能是能耐的意思，忍耐就是能耐。"忍"这个字的义项显示了汉语中一个有趣的现象，即同字反义或同词反义，就是说一个词既可以指正面，又可以指它的反面，正反义都可兼具。比如"断肠"一词，既可以当作极度伤心的意思，又可以当作极度欢喜的意思；又比如"冤家"一词，既可以指仇人，又可以指爱人。"忍"字也是如此。段玉裁解释说："凡敢于行曰能，敢于止亦曰能。忍之义亦兼行止：敢于杀人谓之忍，俗所谓忍害也；敢于不杀人亦谓之忍，俗所谓忍耐也。其为能一也。仁义本无二事，先王不忍人之心，不忍人之政中皆必兼斯二者。"先王之道，有不忍人之心，但是这个不忍人之心包括了敢于杀人和敢于不杀人两个方面，这就是"忍"的本义所包含的正反两个方面的义项。

如果用"忍字头上一把刀"这句俗语来解释"忍"的话：如刀刺心，但就是忍着不报复，即段玉裁所说"俗所谓忍耐也"；被逼到了极限，就要动用这把刀了，即段玉裁所说"俗所谓忍害也"。事情的正反两方面都在一个字上体现了出来。

日常生活中，人们形容对某件事的愤慨程度，常常说："是可忍，孰不可忍！"这句名言出自《论语》。据《论语·八佾》载："孔子谓季氏：'八佾舞于庭，是可忍也，孰不可忍也。'"季氏是鲁国的国卿，佾（yì）是古代乐舞的行列，八佾就是一行八人，一共八行，八八六十四人，人人手执一柄稚羽（野鸡的羽毛）而舞，这是周天子在太庙祭祀时所用的人数。只有天子才可以"八佾"；诸侯六佾，六六三十六人；卿大夫四佾，四四十六人；士二佾，二二为四人。

鲁国按理只能够"六佾"，不过鲁国是周天子分封给周公的诸侯国，周公是周武王的亲弟弟，辅佐周武王灭了商朝，周武王死后，他的儿子周成王继位，成王年幼，由周公摄政，成王长大后才把国政交还。因为周公德高望重，功劳很大，所以在周公死后，周成王特许鲁国国君享受天子"八佾"的礼仪。

但是"八佾"之礼只能在祭祀周公太庙的时候使用，不能在其他任何场合使用。季氏不过是一个卿大夫，仗着把持国政，悍然在自己家庙的庭院里用六十四人的"八佾"之礼奏乐起舞，属于严重的僭越行为，因此激怒了孔子，孔子才当面对季氏说："是可忍也，孰不可忍也。"这句话有两种理解：一是，这种事季氏你都忍心做得出来，还有什么事你不可忍心做得呢？意思就是再坏的事你都能够做得出来；二是，人们对你做的这件坏事都能够容忍，还有什么人、什么事不能容忍呢？

1 甲骨文

2 金文

3 小篆

妻

聘则为妻，奔则为妾（《礼记》）

汉字身世小档案

- 许慎认为“妻”是一个会意字，会意为一个女人拿着家具从事劳动。
- 有学者认为，“妻”的甲骨文字形象征“捉女为妻”，跟上古社会抢亲的风俗有关。
- “妾”的本义是有罪的女奴，所以字形是一个跪着的女人，头上有一把刑刀。

4 甲骨文「妾」

5 金文「妾」

6 小篆「妾」

古时有“三妻四妾”之说，其实这是不准确的，妻只能有一个，即所谓正妻，妾倒是可以有很多。

妻，甲骨文字形❶，这是一个会意字，右边是手，左边是一个面朝左跪着的长发女人，会意为用手梳理头发。不过徐中舒先生认为：“上古有掳掠妇女以为配偶之俗，是为掠夺婚姻，甲骨文“妻”字即此掠夺婚姻之反映。”他的意思是说：右边的手表示捉住、掳掠，把长发女人抢走做老婆。左民安先生则解释得更加清楚：“其下部为面朝左跪着的一个妇女，头上是蓄长发之形，右上部有一只手，整个形体是‘捉女为妻’，这与上古的抢亲风俗有关。”

妻，金文字形❷，上面的长发绾了起来，再插上簪子，手也移到了头上。这个字形倒更像女人结发插簪，准备出嫁的样子。古代女子到了十五岁就要把原来的垂发盘起来，绾成一个髻，再用簪子绾住，表示已经成年了，这叫笄（jī）礼。笄就是簪子，笄礼就是女子成年礼，行笄礼之后就可以嫁人为妻了。小篆字形❸，从金文演变而来。

《说文解字》：“妻，妇与夫齐者也。从女从屮从又。又，持事，妻职也。”夫妇等齐，故男人的正式配偶称“妻”。孔颖达则解释道：“妻之为齐，齐于夫也，虽天子之尊，其妻亦与夫敌也。”“又”这个字符，古时候就代表右手，许慎解释这个字符的意思是“持事，妻职也”，即从事劳动是妻子的职责。这些解释都不符合甲骨文和金文字形，只能说是引申义。

与“妻”息息相关的还有一个字：妾。除了“妻”之外，古代男子还可以纳妾。

妾，甲骨文字形❹，也是一个会意字，下部是一个面朝左跪着的女人，头顶是一把平头的刑刀。金文字形❺，接近甲骨文。小篆字形❻，上部平头刑刀的模样就不太像了。

《说文解字》：“妾，有罪女子，给事之得接于君者。”给事的意思是侍奉，妾是有罪的女人，职责就是侍奉夫君。郭沫若先生解释道：“有罪之意无法表示，故借黥刑以表示之；黥刑亦无法表现于简单之字形中，故借施黥之刑具以表现之。”黥（qíng）刑是在俘虏或奴隶的脸上刺字并涂墨，但这种刑罚无法表示出来，只好借用施黥刑的平头刑刀来表示，因此“妾”的本义就是有罪的女奴。越王勾践败于吴王夫差，对吴王说：“勾践请为臣，妻为妾。”此处的“臣”和“妾”都是有罪的奴仆之意，并不是让妻子给吴王做妾。马叙伦先生说：“女奴于给事之余，复供枕席之荐，于是即以给事之称为匹偶之名矣。”“妾”因此才成为男人配偶的称谓。

不过在古代，妻和妾的地位有天壤之别。《礼记·内则》中规定：“聘则为妻，奔则为妾。”娶妻要举行正式的聘礼，纳妾则不需要。这里的“奔”不是私奔、淫奔之意，而是指不必举行聘礼。后来“妾”也用作女人的谦称，由此也可看出在男权社会中女人的地位之低下。

①甲骨文

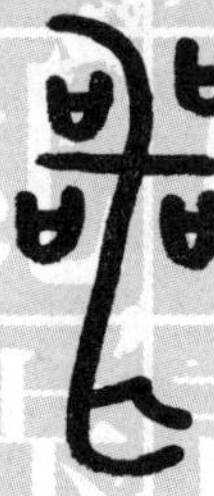

②金文

③金文

丧

子夏丧其子而丧其明（《礼记》）

汉字身世小档案

- “丧”在甲骨文中是一个形声字，有三个口来表示哭泣，而中间一棵桑树，用来表声。
- “丧”的本义是丧失的意思，例如“身丧”。
- 古代制定了五种丧服制度，从重到轻，依次分为斩衰、齐衰、大功、小功、缌麻，此之谓“五服”。

④小篆

⑤楷书繁体

丧，甲骨文字形❶，这是一个既奇特又有趣的会意字！上、中的三个“口”表示哭的意思，中间是一棵桑树。左民安先生说这棵桑树是声符，表音。按照这种说法，“丧”就是一个形声字。但是别的学者有不同的意见。谷衍奎《汉字源流字典》解释说：“会众口喧哭于桑枝之下意。古代丧事用桑枝作标志，如今丧事所用的纸幡即是古代桑枝的遗制。俗有‘宅后不种柳，宅前不栽桑’之语，就是因为桑与丧音同。”这种解释更具说服力。

丧，金文字形❷，上面是四张口，中间的桑枝严重变形，以至于看起来就像一个“亡”字。金文字形❸，右边添加了一个人，人下面是一只脚，表示奔跑，跑得很快去参加丧事。小篆字形❹，上部讹变为“哭”，下部讹变为“亡”。楷书繁体字形❺，由小篆演变而来。简化后的字体失去了用来哭泣的“口”。

《说文解字》：“丧，亡也。”“丧”的本义就是死亡，引申为丧失。晋国公子重耳在外逃亡十九年，自称“身丧”，意思就是失去了在国内的地位。鲁昭公也曾自称“丧人”，因为他失去了鲁国国君的地位，逃亡到了齐国。当作“死亡”的意思时都读作一声 sāng，当作丧失、逃亡的意思时都读作四声 sàng。《礼记·檀弓》中的一句话同时包含了这个字的两种读音，是最好的参照。“子夏丧其子而丧其明。”子夏是孔子的学生，儿子死了，他为此哭泣，哭得丧失了眼睛的明亮，意思就是哭瞎了眼睛。后来就用“丧明”指代眼睛失明。在这句话中，前一个“丧”字读作 sāng，死亡的意思；后一个“丧”字读作 sàng，丧失的意思。

古人对丧礼很重视，《中庸》说：“事死如事生，事亡如事存，孝之至也。”为父母办丧事的时候就如同他们还活着一样。还按照严格的亲疏远近，制定了五种丧服制度，从重到轻，依次分为斩衰、齐衰、大功、小功、缌麻，此之谓“五服”。

首先最重的是斩衰。衰同缞，读作 cuī，是指用粗麻布做成的丧服。这种丧服不能锁边，要用刀子随手裁取几块粗麻布，胡乱拼凑缝合在一起，所以称为“斩衰”。这种丧服一穿就要穿三年，用于直系亲属和最亲近的人之间，比如儿子为父亲服丧，妻子为丈夫服丧。丧服之所以是胡乱拼凑的，意思是指最亲的人死了，我是多么地悲伤啊，连衣服都没有心情制作了，就让我胡乱披着几块麻布为您服丧吧。

其次是齐衰。“齐衰”是用生麻布做成的丧服，能锁边，把边缝齐，所以叫“齐衰”。这种丧服穿的时间长短不一，可以是三年，也可以是一年、五个月、三个月，等等。比如为继母服丧是三年；孙子为祖父母服丧、丈夫为妻子服丧是一年；为曾祖父母服丧是五个月；为高祖父母服丧是三个月。

再次是大功。“大功”是用熟麻布做成的丧服，比“齐衰”稍细，比“小功”稍粗。“功”同“工”，意思是做工很粗，故称“大功”。这种丧服要穿九个月，比如为堂兄弟、未婚的堂姊妹、已婚的姑、姊妹、侄女等服丧，已婚女为伯父、叔父、兄弟、侄、未婚姑母、姊妹、侄女等服丧，都要穿这种丧服。

再次是小功。“小功”也是用熟麻布做成的丧服，比“大功”稍细，故称“小功”。这种丧服要穿五个月。比如为本宗的曾祖父母、堂姑母、已出嫁的堂姊妹等服丧，为母系一支中的外祖父母、母舅、母姨等服丧，都要穿这种丧服。

最轻的叫缌麻。缌读作 sī，是指用细麻布做成的丧服，这种丧服只需穿三个月即可脱掉。比如为本宗的高祖父母、族兄弟、还没有出嫁的族姊妹等服丧，或者为外孙、外甥、岳父母等服丧，都要穿这种丧服。

武

一张一弛，文武之道也（《论语》）

汉字身世小档案

- “武”的甲骨文字形是一个会意字，字形上面是一把戈，下面是一只脚，人持戈前进，表示动武。
- 楚庄王解释“武”为“止戈为武”，但这跟“武”字的本义不合。但可以看出，古人对动刀兵总是有忌讳的。
- “武”还引申为度量单位，六尺为步，半步为武。

① 甲骨文

② 甲骨文

③ 金文

④ 小篆

孔子的学生子贡跟老师一起去观看岁终的祭礼，孔子问他："你觉得快乐吗？"子贡回答道："一国之人都像发狂了似的，我不知道快乐在哪里。"孔子告诉他："张而不弛，文武弗能也；弛而不张，文武弗为也。一张一弛，文武之道也。"这段话的意思是：弓弦一直拉得很紧而不松弛一下，这是周文王和周武王都无法办到的；弓弦一直松弛而不拉紧，这是周文王和周武王都不愿去做的。有时拉紧，有时放松，这才是周文王和周武王的治国之道。孔子的意思是说，老百姓忙碌了一年，也该放松一下了，别担心他们只顾玩乐而忽视了劳作。

"武"是周武王死后的谥号，"刚强理直曰武，威强睿德曰武，克定祸乱曰武，刑民克服曰武，夸志多穷曰武"。武，甲骨文字形❶，这是一个会意字，上面是一把戈，下面是一只脚，人持戈前进，表示要动武了。甲骨文字形❷，上面的"戈"形和下面的脚更富有动感。金文字形❸，接近甲骨文。小篆字形❹，下面的脚规范化为"止"。

《说文解字》："武，楚庄王曰：'夫武，定功戢兵，故止戈为武。'"戢（jí）是收藏兵器。楚庄王的这句话出自《左传·宣公十二年》，紧接着这句话，楚庄王又说："夫武，禁暴、戢兵、保大、定功、安民、和众、丰财者也。"看来楚庄王是个以武力求取和平的人，但他的解释"止戈为武"却与"武"字的本义不符，"止"的甲骨文字形就是一只脚，因此"武"的本义恰恰是动武打仗。楚庄王紧接着又说："武有七德，我无一焉，何以示子孙？"楚庄王所说的"武"的七德就是上文所言"禁暴、戢兵、保大、定功、安民、和众、丰财"。韩非子说"德不厚而行武"，跟楚庄王所说的"武有七德"一致，古人对动刀兵总是有所忌讳的。

"武"的本义为持戈前进，因此"武"又引申为度量单位，古时候以六尺为步，半步为武。《国语》："目之察度也，不过步武尺寸之间。"意思是眼睛看到的不过只有三尺、六尺的尺寸之地而已，因此"步武"用来比喻很短的距离。"武"又由此引申为足迹之意，《诗经·下武》中有"绳其祖武"的诗句，意思是遵循祖先的足迹。

在唐代之前，科举制度都是选拔文官，到了武则天时期，开始增加了武举，由兵部主考，考试科目"有长垛、马射、步射、平射、筒射，又有马枪、翘关、负重、身材之选"。最著名的武状元便是大将郭子仪。与供奉孔子的文庙相对应，从唐代开始，始有武庙，唐代到元代，武庙供奉的都是辅佐周文王的姜太公，姜太公被封为武成王，故称武庙。后来也供奉包括张良、韩信、诸葛亮在内的历代良将。明清时同时供奉关羽，关帝庙即武庙；民国时期合祀关羽和岳飞，因此关帝庙和岳飞庙都称武庙。

味

鼎前芍药调五味，膳夫攘腕左右视（柳宗元）

汉字身世小档案

- “味”是一个会意字，右边“未”的本义是穗，而用口去吃穗，也就尝到了滋味。
- 古人认为味有五种，即酸、甜、苦、辣、咸。
- 古人认为健康的饮食要配合四季：春多酸、夏多苦、秋多辣、冬多咸，再用滑和甜（甘）来调制。

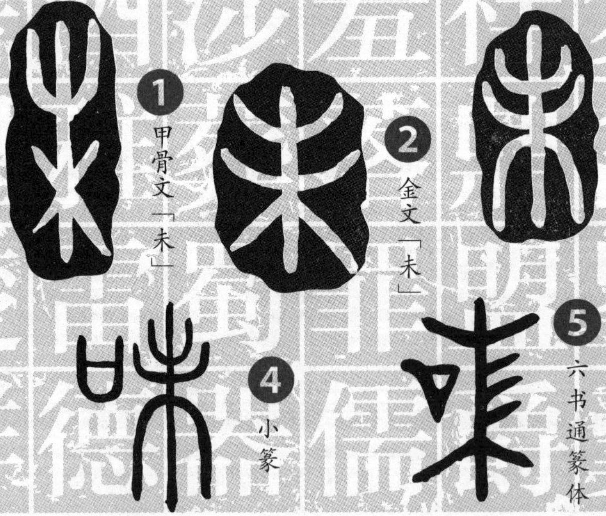

《说文解字》说:“味,滋味也。”但是“味”字为什么会当作滋味讲,许慎却言之不详。

要解释“味”这个字,必须先从“未”讲起。

未,甲骨文字形❶,《说文解字》:“未,味也,六月滋味也。五行,木老于未,象木重枝叶也。”许慎把“未”的这个字形看成树木重重的枝叶的形状。但是这个字形又怎么表示滋味呢?段玉裁注:“未者,言万物皆成,有滋味也。”但郭沫若先生有不同的看法,他认为“未”就是“穗”的本字,甲骨文的字形就是一株穗的形状,是个象形字,后来“未”字被假借为别的义项,人们于是又造了一个“穗”字来代替“未”字所表示的本义。金文字形❷,小篆字形❸,都与甲骨文的字形相差不大。

“未”的本义既然是穗,那么“味”字的字形就看得很清楚了。

味,小篆字形❹,在“未”的左边添加了一个“口”,是个会意兼形声的字,会意为口吃作为农作物的穗,尝到了滋味,“未”也兼表声。清代字书《六书通》收录了“味”字的另外一个篆体字字形❺,右边穗的形状看得更加清晰。

柳宗元有诗:“鼎前芍药调五味,膳夫攘腕左右视。”古人认为“味不过五”,因此有“五味”之说。五味即酸、甜、苦、辣、咸五种味道,现在还有“五味俱全”的成语。《礼记·礼运》:“五味六和十二食。”这里出现了古人对食物的有趣见解。六和,郑玄解释道:“和之者,春多酸,夏多苦,秋多辛,冬多咸,皆有滑、甘,是谓六和。”孔颖达则解释道:“以四时有四味,皆有滑有甘,益之为六也,是为六和也。”此处的意思是把五味之一的甜(甘)分离出来,四时有酸、苦、辣(辛)、咸四种味道,用滑和甘来调制这四种味道,即《周礼》所说“调以滑甘”,称之为六和。

甘就是甜,那么什么是“滑”呢?“滑”是使菜肴变得更加柔滑可口的佐料,其实就是米或某些谷物磨成的粉,米粉可使菜肴柔滑,因此古人还用米粉作为化妆品,涂到脸上可使脸部光洁柔滑。今天人们做饭时经常使用的芡粉也就是“滑”的一种。十二食,指人在一年十二个月中所吃的不同食物。“五味六和十二食,还相为质也”,五味、六和、十二食,互相为本,只有这样才能使饮食遵循四季的变化,才是健康的饮食习惯。

《黄帝内经》中早就指出:“味过于酸,肝气以津,脾气乃绝;味过于咸,大骨气劳,短肌,心气抑;味过于甘,心气喘满,色黑,肾气不衡;味过于苦,脾气不濡,胃气乃厚;味过于辛,筋脉沮弛,精神乃央。是故谨和五味,骨正筋柔,气血以流,腠理以密,如是,则骨气以精,谨道如法,长有天命。”因此调和五味乃是中国传统饮食的精髓所在。

贤

野无遗贤，万邦咸宁（《尚书》）

汉字身世小档案

- “贤”的金文字形是一个会意字，像用手掌握奴隶，驱使他们创造财富，所以“贤”的本义是“多财”的意思。
- “臣”的甲骨文字形是一个象形字，像一只竖起来的眼睛，本义就是男性奴隶。
- “臤”的小篆字形是一个会意字，像用手抓住了臣，会意为牢牢掌握的意思。

1 金文

2 甲骨文「臣」

3 甲骨文「臣」

4 金文「臣」

5 小篆「臤」

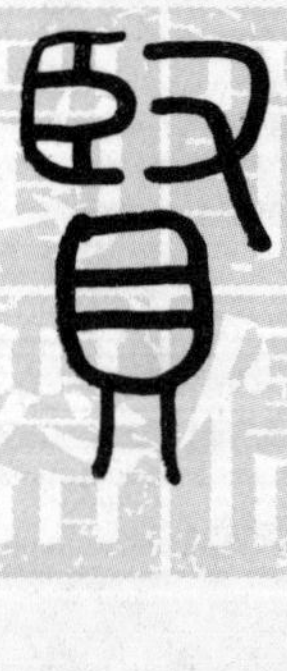

6 小篆

“贤”这个字很有意思，现在多用于贤能、贤士、贤良、思贤如渴，指人多才多能和美好的品德。但是这个字最初却跟这些意义毫无关系。

贤，金文字形❶，包括许慎在内的古代和现代文字学家都把它解释为一个形声字，《说文解字》：“贤，多才也，从贝臤声。”许慎认为表声的这个“臤”字就是“贤”的古字，许慎又如此解释“臤”：“臤，坚也。”段玉裁注：“谓握之固也。”即“臤”是坚固的意思。但是这个意思如何又跟“贤”扯上了关系，都语焉不详。

我认为诸多文字学家都忽略了“贤”和“臤”这两个字的结构成分之一——臣。

臣，甲骨文字形❷，这是一个象形字，就像竖起来的一只眼睛。人的眼睛什么时候才会竖起来呢？回答是：低头的时候，从侧面看上去，眼睛就是竖起来的。因此《说文解字》解释道：“臣，事君者也，象屈服之形。”其实这并不是“臣”的本义，“臣”的本义是男性奴隶。奴隶既不能抬头看主人，又不能正面直视主人，所以你看甲骨文的这个“臣”字就是一个非常形象的男性奴隶的样子。也有学者说，古代抓获战俘，刺瞎一只眼睛以为奴隶。甲骨文字形❸，金文字形❹，眼睛的形状更加形象。“臣”既是奴隶和俘虏，那么就要臣服于主人，因此把对应于“君”的臣子也称作“臣”，古代官吏便在国君面前自称“臣”。

如此一来，“臤”这个字当作“握之固也”就可以解释了。

臤，小篆字形❺，右边是一只手，主人或者国君用手牢牢地掌握着奴隶或者臣子的命运，这不是非常形象吗？如此来看，“贤”字就不是一个形声字，而是一个会意字了。我们看“贤”的金文字形❶，下面是“贝”，贝代表财物，主人或者国君用手牢牢地掌握着奴隶或者臣子的命运，驱使他们为自己创造财物，这才是“贤”字的本义！即“贤”的本义是多财物。庄子在《徐无鬼》一篇中说：“以财分人谓之贤。”正是用的本义。而段玉裁也注解得非常正确：“引申之凡多皆曰贤。”《诗经·北山》有句：“大夫不均，我从事独贤。”因为事情多而辛劳叫“贤”，就是引申义，后来又引申出现在的用法——多才多能，品德美好，贤人、贤士、贤臣、时贤、贤惠等都是用的这个引申义。《尚书·大禹谟》中有“野无遗贤，万邦咸宁”的句子，“遗贤”即弃置未用的贤才。同时“贤”字又引申用作动词，有胜过、超过的意思，如韩愈《师说》：“师不必贤于弟子。”

贤，小篆字形❻，跟金文没有任何区别。

“贤”既指人的美好品德，因此后来也用作对别人的敬称。在对别人的敬称前冠以“贤”字，比如贤弟、贤侄、贤甥、贤妻。《颜氏家训》：“凡与人言，自叔父母以下，则加‘贤’字。”遂固定为我国古代对别人敬称的专用字了。

炙

脍炙所同也，羊枣所独也（《孟子》）

汉字身世小档案

- 古代烤肉烹调的方法分得很细，带毛的肉在火上烧叫“炮”，去毛的肉在火上烧叫“燔”，去毛的肉在火上熏烤叫“炙”。
- “亲炙”的字面意思是：我直接在您面前被您烧烤，因此用来比喻直接接受他人或老师的教诲和传授。

1 小篆

2 古文

“炙”这个字牵涉到我国古代各种烧烤肉食的方法。

炙，小篆字形❶，这是一个会意字，意思简单明了，就是一块肉放在火上烤。《说文解字》中收录了一个古文字形❷，上面肉的形状更加明显。

《说文解字》：“炙，炮肉也，从肉在火上。”古时带毛的肉在火上烧，或者用泥裹起来烧叫炮（páo），将去毛的肉直接放在火上猛烤叫燔（fán），将去毛的肉在火上熏烤叫炙（zhì）。《诗经·瓠叶》中的这段描述很传神：“有兔斯首，炮之燔之；有兔斯首，燔之炙之。”对待兔子头这道美味，先涂泥裹烧去毛，然后在火上猛烤，最后再在火上慢慢熏烤。由此，“炙”也可以引申为名词，意思是烤熟的肉食。比如李白有诗：“将炙啖朱亥，持觞劝侯嬴。”将烤熟的肉给朱亥吃，举起酒杯向侯嬴劝酒。

孟子说过一段话：“奋乎百世之上，百世之下闻者莫不兴起也。非圣人而能若是乎？而况于亲炙之者乎？”意思是：百代之前奋发有为，百代之后听说的人没有不振作奋发的。不是圣人能像这样吗？更何况亲身受到过他们熏陶的人呢？朱熹解释“亲炙”一词：“亲近而熏炙之也。”我直接在您面前被您烧烤，比喻直接接受别人或老师的教诲或传授。“炙”的这个意思还体现在成语“炙手可热”中，杜甫有诗：“炙手可热势绝伦，慎莫近前丞相嗔。”刚刚接近就感觉烫手，比喻权势者气焰之盛。刚刚烤熟的肉很热，因此“炙”又引申出在太阳底下曝晒的意思。嵇康所作《与山巨源绝交书》中有一句话：“野人有快炙背而美芹子者，欲献之至尊，虽有区区之意，亦已疏矣。”意思是乡野之人晒太阳取暖，以阳光曝晒背部为快事，又以随处可见的水芹为美味，于是就想将这两样东西献给皇帝，表示对皇帝的效忠。如此微薄又毫不稀罕的两样东西，野人却认为是世间至乐，真是可笑之极！因此嵇康感叹说：“虽有区区之意，亦已疏矣。”

最有趣的是“脍炙人口”这个成语。脍读作kuài，指切细的肉或鱼。《孟子·尽心下》中讲了一个故事。曾子（即曾参）的父亲曾皙（即孔子的学生曾点）喜欢吃羊枣。羊枣是一种黑枣，因为颜色和形状都像羊屎，所以俗称“羊矢枣”。曾子的父亲死后，曾子从此就不再吃羊枣。孟子的学生公孙丑对曾子的这种做法很不理解，于是向老师请教说：“脍炙与羊枣孰美？”切细的肉、烤肉和羊枣相比，哪个味道更好？

孟子回答道：“这还用问？当然是脍炙的味道更好了。”

公孙丑又问：“曾子的父亲生前同样也喜欢吃脍炙，如果是为了纪念父亲，他干脆连脍炙也不要吃了，为什么偏偏不吃羊枣？”

孟子回答道：“脍炙是人人都喜欢吃的美食，而羊枣只有他的父亲一个人喜欢吃，因此，不吃羊枣以纪念他的父亲更有意义。这就像避讳一样，都是避讳名而不避讳姓，那是什么道理？就因为姓是人人都有的，而名却是自己独有的。”

听了老师这番深入浅出的解释，公孙丑恍然大悟，我们也恍然大悟。

孟子的原话是“脍炙所同也，羊枣所独也”，后来人们就从这句话里引申出“脍炙人口”这个成语，用来形容人人都赞美的事情或者诗文。

狐

掩袖工谗，狐媚偏能惑主（骆宾王）

汉字身世小档案

- 《说文解字》就已经把狐定义为“妖兽”了。
- 传说狐狸将死之时，会把头朝向自己的窟穴，因此用“狐死首丘”来比喻不忘本。
- 古人发现狐狸多疑，所以创造了“狐疑”这个词。
- 在唐代，民间拜狐神非常普遍，甚至有“无狐魅，不成村”的俗谚。

1 甲骨文

2 甲骨文

3 小篆

德国学者汉斯·约尔格·乌特在《论狐狸的传说及其研究》中说："狐狸在身体和智力方面所具有的才能使它成了计谋、狡猾和阴险，甚至是罪恶的化身，但狐狸也不乏一些受到人们积极评价的特点和能力，如富有创造精神、关怀他人和乐于助人、动作迅速和谨慎等，亦即具有所有动物的特征：矛盾性。"这段对狐狸的评价大概是最公允的。不过在我国古代，狐和狸是两种不同的动物，狸是山猫，而狐专指狐狸。

狐，甲骨文字形❶，这是一个会意字，狐狸的头、嘴、背和尾巴栩栩如生，腹部下面是一个"亡"字。有学者认为"亡"是声符，但是"亡"的本义是逃到隐蔽之处藏起来，"狐"因此会意为，狡猾的狐狸逃得很快，别的野兽都捉不到它。这个字形也非常符合狐狸狡猾的特征。甲骨文字形❷，狐狸的样子有些变形。小篆字形❸，变成了一个形声字，从犬瓜声。

《说文解字》："狐，妖兽也，鬼所乘之。"这是将狐狸钉在了妖兽的耻辱柱上了，可有趣的是，许慎又说狐狸有三种德行："有三德：其色中和，小前丰后，死则丘首。"狐狸的毛色中和，躯体前面小，后面丰大，这两样不知道算是什么"德"，但是第三样"死则丘首"倒确实可以称得上"德"了。有个成语叫"狐死首丘"就是这个"德"的体现。《礼记·檀弓》："太公封于营丘，比及五世，皆反葬于周。君子曰：'乐，乐其所自生；礼，不忘其本。古之人有言曰：狐死正丘首。'仁也。"比起老虎、狮子，狐狸虽然是微小的兽类，但对自己藏身的丘窟念念不忘，死的时候，一定要把头朝向丘窟，表示不忘本。后人遂以"狐死首丘"比喻不忘本或对乡土的思念。这不是狐狸的"德"又是什么？

宋代的训诂书《埤雅》称"狐"字和"孤"字还有关系："狐性疑，疑则不可以合类，故从孤省。"颜师古也说："狐之为兽，其性多疑，每渡冰河，且听且渡。故言疑者，而称狐疑。"这就是"狐疑"一词的由来。

《山海经》中记载有九尾狐："又东三百里曰青丘之山，有兽焉，其状如狐而九尾，其音如婴儿，能食人。"古人认为九尾狐是祥瑞的征兆。郭璞说："太平则出而为瑞也。"汉代画像石中，九尾狐常常和蟾蜍、白兔、三足乌一起排列在西王母的座位旁边，以示祥瑞。九尾狐象征着子孙繁衍，这是一种非常古老的文化观念。《白虎通》说："德至鸟兽，则九尾狐见。九者，子孙繁息也，于尾者，后当盛也。"据《吴越春秋》记载，大禹娶妻，就与九尾狐有关："禹三十未娶，恐时之暮，失其制度，乃辞云：'吾娶也，必有应矣。'乃有九尾白狐，造于禹。禹曰：'白者吾之服也，其九尾者，王者之证也。涂山之歌曰：绥绥白狐，九尾庞庞。我家嘉夷，来宾为王。成家成室，其造彼昌。天人之际，于兹则行。明矣哉！'禹因娶涂山，谓之女娇。"

以上的狐狸形象非但不可憎，相反还很可爱。不过，从唐代开始出现"狐狸精"的说法。《朝野佥载》："唐初以来，百姓多事狐神，房中祭祀乞恩，食饮与人同之，事者非一主。当时有谚曰：'无狐魅，不成村。'"骆宾王《代李敬业讨武氏檄》痛骂武则天"掩袖工谗，狐媚偏能惑主"，惹得武则天大怒，可见狐狸的形象已经成为妖兽。加上《聊斋志异》等志怪小说的渲染，狐狸精遂成为为祸人间的反面形象了。

1 甲骨文

2 金文

3 小篆

4 甲骨文

5 金文

6 小篆

朋

同门曰朋，同志曰友（孔颖达）

汉字身世小档案

■“朋”在甲骨文中是象形字，就像两串连接在一起的贝壳，代表上古时的货币。

■古时候“朋”跟“友”两个字有高下之分，跟同一个老师学习的学生，彼此可以称“朋”，但是只有志同道合者，才能称得上“友”。

■“朋党”“朋比”也都带有贬义。

在古代，“朋”和“友”的含义完全不一样。本文分讲朋、友二字。

先说朋，甲骨文字形❶，这是一个象形字，非常像两串连结在一起的细贝。贝是古代的货币单位，同时又可以用作装饰，因此郭沫若先生认为“朋”的甲骨文字形表示的是古人佩戴的颈饰，但更多学者认为，这两串连结在一起的细贝就代表货币单位。不过，具体代表多少货币单位则说法不一，一说五贝为一朋，一说两贝为一朋，一说十贝为一朋，也有说五贝为一系（串），两系（串）为一朋。《诗经》中有“既见君子，锡我百朋”的诗句，意思是君子赐给我一百朋，那是好多好多的贝啊！因为两系（串）贝为一朋，如同甲骨文字形表现的那样，因此“朋”引申为朋友的意思。

朋，金文字形❷，比甲骨文字形更加整饬。小篆字形❸，这就非常离奇了，跟甲骨文、金文字形相差十万八千里。《说文解字》：“朋，古文‘凤’，象形。凤飞，群鸟从以万数，故以为朋党字。”许慎居然认为“朋”是“凤”的古字，还牵强附会地认为，跟从凤飞的鸟儿非常之多，因此跟众人结党联系了起来。这种说法实在不妥！

再说友，甲骨文字形❹，这是一个会意字，向着同一个方向的两只右手，会意为以手相助。今天人们见面的礼节还是如此，互相伸出右手相握，跟这个字形没有任何差别。金文字形❺，同于甲骨文。小篆字形❻，两只手变成了上下结构。

《周易》中说：“君子以朋友讲习。”孔颖达解释道：“同门曰朋，同志曰友。朋友聚居，讲习道义。”同师授业的学生称为“朋”，还不能称为“友”，同门必须志同道合才能称为“友”。在儒家学说中，志同道合当然是指高远的志向和崇高的道德，因此古代常常出现的“朋党”一词就不能称为“友党”，因为“朋党”最初是指同类人以恶相济而结成的集团，后来泛指因政见不同而形成的相互倾轧的宗派。“朋”是中性词，是客观现实，“同门曰朋”，只要是同学就可称“朋”，因此“朋'也可用作贬义，如“朋比为奸”；“友”则含有道德指向，“同志为友”，必须志同道合才能称“友”。

到了明朝，士大夫们开始延伸“朋友”一词的内涵，把所有的儒学生员统称作“朋友”，已经考上秀才的生员称作“老友”，还没有考中秀才的生员称作“小友”。无名氏的《鸣凤记》中写道：“今早有个柬帖来，说邹朋友要相访，不免启扉等候呀。”《儒林外史》中写道：“开蒙的时候，他父亲央及集上新进梅朋友替他起名。”“邹朋友”和“梅朋友”都是对生员的称呼。到了今天，凡是有过一面之交的都可称为朋友，甚至连没见过面的也可以称为朋友，未婚的情侣更互称朋友，“朋友”一词早已失去了古意。

岳

1 甲骨文

2 甲骨文

3 小篆

4 小篆

崧高维岳，骏极于天（《诗经》）

汉字身世小档案

- 其实“岳”不是“嶽”的简写，而是“嶽”的古字。
- “五岳”分别是东泰山、南衡山、西华山、北恒山、中嵩山，但是最早只有“四岳”，没有中岳。
- 人们把妻子的父亲称为“泰山”，泰山乃五岳之首，因此又称为“岳父”，妻子的母亲也就称为“岳母”。

很多人都以为“岳”的繁体字为“嶽”，其实完全错误，“岳”才是“嶽”的古字。

岳，甲骨文字形❶，这是一个象形字，像叠在一起的两座高大山峰，表示高山峻岭。甲骨文字形❷，大同小异。不过也有学者认为甲骨文字形像山上竖立的羊头之形，会意为在高山上祭祀。小篆字形❸，接近甲骨文。《诗经·崧高》中有诗：“崧高维岳，骏极于天。”恰是这一字形的形象化写照。到了小篆字形❹，人们造出了一个“嶽”字，从象形字变成了形声字，《说文解字》：“东，岱；南，霍；西，华；北，恒；中，泰室。王者之所以巡狩所至。从山狱声。岳，古文，象高形。”

所谓东岳泰山、南岳衡山、西岳华山、北岳恒山、中岳嵩山的五岳，其实最早的时候只有四岳。据《尚书·尧典》载：“岁二月，东巡守，至于岱宗。五月南巡守，至于南岳。八月西巡守，至于西岳。十有一月朔巡守，至于北岳。”这里没有中岳嵩山的记载，直到周代方才设置了中岳，于是才有今日的“五岳”之名。

掌管“四岳”的官员也被称作“四岳”，相传是共工的后裔，因为辅佐大禹治水和掌管四岳有功，赐姓姜，封到吕这个地方，也就是姜太公吕尚的先祖。

女婿管妻子的父亲为岳父，母亲为岳母，今天仍然还在使用这两个称谓，这两个称谓是怎么来的呢？唐代笔记小说《酉阳杂俎》讲了一个很好玩的故事。

唐玄宗李隆基要去泰山封禅，任命张说为封禅使。封禅是古代帝王祭天地的大典，一般都在泰山举行。在泰山上筑土为坛祭天，这叫“封”；在泰山下的梁父山开辟场地祭地，这叫“禅（shàn）”。张说身为封禅使，全权负责封禅大典的准备工作和各种仪式。按照惯例，封禅后三公以下的官员都升迁一级，张说的女婿郑镒本来是九品官，按说应该升迁为八品官，可张说大权在手，假公济私，趁机将女婿升为五品官，五品官官服的颜色为红色。封禅后，唐玄宗举行盛大的宴会，庆祝封禅顺利结束。席间，唐玄宗看到穿着红色官服的郑镒，不明白他怎么一下子升到了五品官，就询问郑镒，郑镒无言以对。宫廷乐师，著名笑星黄旛绰在一旁打圆场，说道：“此泰山之力也。”意思是郑镒的升迁是借助封禅泰山的机会，被张说火线提拔的。

从此之后，人们就把妻子的父亲称为“泰山”，妻子的母亲顺理成章地被称为“泰水”。又因为泰山乃五岳之首，号称“东岳泰山”，故此妻子的父亲又称为“岳父”，妻子的母亲也顺理成章地被称为“岳母”，岳父母的家称为“岳家”。

岳父、岳母还有一个别称：丈人、丈母。“丈”本来是古代对长辈男子的尊称。男人年满七十岁可以得到官府赏赐的拐杖。“拐杖”的“杖”最早写作“丈”，因此“丈人”就是手持拐杖的老人。受赐拐杖是一种荣誉，故以此尊称老年男子，后来慢慢演化为对妻子父亲的专用称呼，也称作“岳丈”，妻子的母亲也就顺理成章地被称为“丈母”或者“丈母娘”了。

物

三十维物，尔牲则具（《诗经》）

汉字身世小档案

- “物”原来是指杂色的牛。
- “物”跟“勿”字有关，“勿”是杂色的旗帜，在古代，纯色旗帜代表事缓，杂色旗帜代表事急，用“勿”旗就表示催促百姓赶紧聚集。
- “物色”原来是指牲畜皮毛的颜色，“察物色”就是检查牲畜的毛色是否符合祭祀的标准。

“物”这个字，今天主要当作事物、物体讲，但是古时候却完全不一样，而且字义出乎人的意料之外。

物，甲骨文字形❶，这是一个会意兼形声的字，下为牛，上为勿。为什么说是会意字呢？这跟“勿”字密切相关。

勿，甲骨文字形❷，这是一个象形字：右边是农具“耒”的形状，“耒”是翻土工具，上面是曲柄，下面是犁头；左边是翻起来的土块。金文字形❸，更像“耒”翻土的样子。这就是“勿”的本义：用耒翻土。古人种地之前，要先相一相土地的形状和颜色，因此“勿”又引申为颜色。颜色非一而多种多样，因此又引申为杂色。

《说文解字》：“勿，州里所建旗。象其柄，有三游。杂帛，幅半异。所以趣民，故遽。”杂帛指杂色的装饰物；幅半异指半幅为红色，半幅为白色，殷的正色为白色，周的正色为赤色，故为半赤半白之色；趣民是催促百姓。古代旗帜，纯色代表缓，杂色代表急，因此用“勿”这种杂色旗催促百姓赶紧聚集。段玉裁说“州里”应该是“大夫士”，按照周礼的规定，大夫士所建的旗帜才是“勿”。这是“勿”的引申义，即杂色旗。

《说文解字》：“物，万物也。牛为大物，天地之数，起于牵牛，故从牛，勿声。”许慎的解释是牵强附会，其实“物”的本义是用“勿”用“牛”会意为杂色牛，当作万物来讲只是它的引申义。《诗经·无羊》：“三十维物，尔牲则具。”《毛传》：“异毛色者三十也。”意思就是用作祭祀牺牲的三十头杂色牛。“物”也可以像“勿”一样引申为杂色旗，《释名》：“杂帛为物，以杂色缀其边为燕尾，将帅所建，象物杂色也。”

物，小篆字形❹，与甲骨文相似。

在现代汉语中，“物色”一词是动词，是访求、挑选的意思，比如物色人才。但是在古汉语中，“物色”却是名词，最早的意思是牲畜皮毛的颜色，还是跟“物”的本义“杂色”相关。“物色”语出《礼记·月令》：“乃命宰祝，循行牺牲，视全具，案刍豢，瞻肥瘠，察物色。”这段话的意思是：农历八月，命令主管祭祀的官员太宰和太祝巡视即将用作祭祀的牲畜，查看一下这些牲畜的躯体是否完整无缺，草食和谷食的家畜是否分门别类，肥瘦是否搭配得当，牲畜的毛色是否符合祭祀的标准。这里的“物”从杂色牛引申为一切杂色的牲畜，又引申为“毛色”。周代有“鸡人”之职，职责是“掌共鸡牲，辨其物”，就是掌管作为祭祀品的鸡，辨认查看鸡的毛色。“物”就是“色”，因此“物色”一词也从牲畜的毛色渐渐引申出形状、形貌的意思。

据《后汉书·严光传》载，东汉著名的隐士严光，年轻的时候就享有盛名，学问很大，曾经和刘秀一同游学。后来刘秀登基为光武帝，想起了这位老同学，想请他出做官。不料严光最讨厌的就是做官，他知道光武帝到处打听自己的行踪，于是隐姓埋名。光武帝没办法，只好派画工画出严光的相貌，拿着严光的画像“以物色访之”。这里的“物色”就是指严光的形貌，本来是名词，后来才慢慢演变成动词。

1 甲骨文

2 甲骨文

3 金文

4 金文

宝

如许多宝贝，海中乘坏舸（寒山）

汉字身世小档案

- “宝”的甲骨文是个会意字，字形是一个房子里有贝又有玉，会意为珍宝。
- “宝”既然如此珍贵，古人就用它来作敬辞，比如“宝位”“宝号”。
- 古人很早就已经使用“宝贝”一词，不过指的是稀有珍贵的贝壳。

5 金文

6 小篆

7 楷书繁体

“宝”这个字的演变很有意思，从中可以看出造这个字的古人非常好玩的心态。

宝，甲骨文字形❶，这是一个会意字，上面是房屋的形状，中间是贝，下面是成串的玉。房子里面有贝有玉，会意为珍宝。甲骨文字形❷，贝和玉调换了一下位置。

到了金文，“宝”字变得越来越复杂了。金文字形❸，除了贝和玉之外，还增加了两样东西，左民安先生认为增加的是杵和臼之类的舂米用具，是生活必需品，因此也是宝贝。金文字形❹，就更好玩了，最下面还有两只手忙碌不停地往房子里运送宝贝！金文字形❺，杵和臼连在了一起，开始出现“缶”字的雏形。金文的“宝”字，表现了古人非常有趣的心态，那就是恨不得把所有的宝贝都搬到自己家里去。小篆字形❻，变成了一个形声字，用“缶”表声。楷书繁体字形❼。简化后的字体，“宝”从形声字又变回了会意字，家里有玉为“宝”。这就是“宝”字有趣的演变过程。

《说文解字》:“宝，珍也。”“宝”既如此珍贵，古人因此就拿它作为敬辞，比如宝位是对帝王的敬称，宝鼎是对佛教香炉的敬称，宝号是对别人商号的敬称，宝眷是对别人家眷的敬称，等等。

在日常生活中，“宝贝”的称谓使用频率非常高，也非常口语化，因此人们大概都以为这个称呼是今天才有的，无法想象古人天天把“宝贝”挂在嘴上的情景。不过鲜为人知的是，古人早就开始使用“宝贝”一词了，唐代诗人寒山就曾在诗中写道：“如许多宝贝，海中乘坏舸。前头失却桅，后头又无柁。宛转任风吹，高低随浪簸。如何得到岸，努力莫端坐。”

“宝贝”的本义是珍贵少见的贝壳，西汉学者焦赣《易林》中写道：“丧我宝贝，亡妾失位。”这里的“宝贝”就是本义。西晋木华的《海赋》中也有这个词：“岂徒积太颠之宝贝，与随侯之明珠。”“宝贝”跟“明珠”对举，当然也是指稀罕的贝壳。这句话使用了两个典故，一个是当年殷纣王囚禁了周侯西伯，周侯的大臣太颠、散宜生等人高价收购了水中的大贝，连同其他珍奇之物一并献给殷纣王，殷纣王这才放了西伯。另外一个典故是，春秋时期随国的国君随侯救了一条大蛇。大蛇为报救命之恩，衔了一颗夜明珠献给随侯，故称“随侯珠”。随侯珠与和氏璧合称“春秋二宝”。有趣的是，这“春秋二宝”也合称“随和”，今天口语中形容为人和气即由此而来。“随和”因为是二宝，因此用来比喻高洁的品德，凡是具备高洁品德的君子都很谦和，因此又慢慢演变成谦和、和气之意。

“宝贝”后来泛指珍贵的东西，大约到了清代，民间俗语中开始用“宝贝”来称呼心爱之人，多用于称呼小辈。比如《红楼梦》:“贾母只得安慰他道：‘好宝贝，你只管去，有我呢。’”这是贾母对宝玉的称呼。情侣之间也可以使用这个称呼，不过更多的是男称女，比如嘉庆、道光年间的俗曲总集《白雪遗音》中有一首名为《男梦遗》的俗曲，描写一位男子思念美眉多娇而梦遗的故事。其中写道：“何不两处移来一睡眠，蒙胧睡，梦魂颠，梦见多娇在枕边，携手相搀，叫声宝贝心肝，我的恩姐姐，讲不尽千言与万言。”十分有趣，可见这时就已经将“心肝”和“宝贝”连用了。

1 金文

2 金文

3 小篆

4 楷书繁体

法

匹夫而为百世师，一言而为天下法（苏轼）

汉字身世小档案

- “法”的古字是“灋”，形状非常复杂，会意为“廌”，是一种异兽。这种异兽用角抵触理亏的一方，将他赶走，执法就像水一样平。
- “廌”又称为獬豸，是一只很公正的异兽，因此古人将獬豸的样貌制成帽子，专门给御史等执法的法官佩戴。

从夏商周到清代，我国古代法律制度的发展脉络清晰，特点鲜明，自成体系。那么，“法”这个字为什么能够代表法律呢？我们来看看这个字的演变过程。

法，金文字形❶，这是一个会意字，结构非常复杂。右边是“廌”，左边上面是“去”，下面是“水”。“廌”读作zhì，是传说中的异兽，也叫解廌、解豸或獬豸（xiè zhì）。据汉代杨孚所著《异物志》记载：“东北荒中有兽，名獬豸，一角，性忠，见人斗则触不直者，闻人论则咋不正者。”张揖也说：“解豸似鹿而一角，人君刑罚得中则生于朝，主触不直者。”综上所述，獬豸这种异兽的长相似鹿，但只有一只角，见到有人争斗就会用角去抵触理亏的一方，听到有人争论就会去咬讲歪理的一方。国君如果对刑罚的运用不偏颇，法度适宜，獬豸就会现身在朝中。獬豸最大的功用就是“主触不直者”，辨别是非曲直。“法”的整个金文字形会意为：诉讼的时候，“廌”这种异兽用角抵触理亏的一方，将他赶走，执法就像水一样平。

但是也有学者有不同的意见。谷衍奎《汉字源流字典》认为，“人”下面的“口”象征穹庐之居，右边是犍牛，整个字形会意为“人收起帐篷离开，带着牛羊，逐水草而居”。“逐水草而居是游牧时代有规律的生活，由此又引申为法律，法令”。聊备一说。

法，金文字形❷，“水”移到了左边，其余部分相同。小篆字形❸，还是三个组成部分在换来换去，但是字形显得更加规范了。楷书繁体字形❹，同于小篆。因为字形过于复杂，因此后来省写为“法”。

《说文解字》：“法，刑也。平之如水，从水；廌所以触不直者去之，从廌去。”意思讲得非常明白。段玉裁说：“法之正人，如廌之去恶也。”桓宽《盐铁论》说：“法者，刑罚也，所以禁强暴也。”管子说：“杀戮禁诛谓之法。”可见“法”的本义即为刑法。獬豸既然是执法公正的化身，因此古人将獬豸的形象制成帽子，专门给御史等执法官佩戴，这种帽子就叫“獬豸冠”。到了清代，御史和按察使等监察司法官员不仅要戴獬豸冠，而且还要穿绣有獬豸图案的官服。

周代管理官府有八法，据《周礼》载：“一曰官属，以举邦治；二曰官职，以辨邦治；三曰官联，以会官治；四曰官常，以听官治；五曰官成，以经邦治；六曰官法，以正邦治；七曰官刑，以纠邦治；八曰官计，以弊邦治。”官属指主要官员的属吏；官职指官吏的职责；官联指官员联合办公；官常指官员的日常职责；官成指官服的成规；官法指国家的法规、法度、法律；官刑指惩戒官吏的刑罚，比如鞭刑就是比较轻的惩戒官吏的刑罚之一；官计指对官员政绩的考核。

由“法”的本义还可以引申出方法、标准等义项，比如苏轼为韩愈写的碑文中说：“匹夫而为百世师，一言而为天下法。”此处的“法”就是标准的意思。除了春秋战国时期的法家流派之外，佛家的事物也尊称为“法”，比如佛法、法门、法力等，都是从“方法”和“标准”的义项引申而来的。

柳

樱桃樊素口，杨柳小蛮腰（白居易）

汉字身世小档案

- “柳”在甲骨文中是象形字，像柳树枝叶下垂的样子。
- “杨”和“柳”会连用或互相借代，是因为杨是柳的一种。
- “百步穿杨”其实当初射的不是杨树，而是柳树。
- “柳”与“留”谐音，因此“柳”常常用来暗喻离别之情。

《诗经·采薇》："昔我往矣，杨柳依依。今我来思，雨雪霏霏。"很多人望文生义，以为杨柳就是杨树和柳树的合称，其实大谬不然。杨树树形高大，枝干挺拔，何来"依依"的娇弱之态？南朝诗人费昶也有诗："杨柳何时归，袅袅复依依。"杨树同样也没有"袅袅"的娇弱之态。

柳，甲骨文字形❶，许慎称之为形声字，但我们看字形，上为"木"，下面倒真像下垂的枝条，只不过有些变形而已。甲骨文字形❷，下垂的枝叶的样子更加形象，因此我认为甲骨文中的"柳"字应该是象形字。金文字形❸，变成了左右结构。小篆字形❹，真正变成了左形右声的形声字。

《说文解字》："柳，小杨也。"宋代《埤雅》一书说："柔脆易生，与杨同类。纵横颠倒植之皆生。"段玉裁说："杨之细茎小叶者曰柳。"种种说法都是把杨和柳视为两种不同的树种，其实这些都是错误的。《尔雅·释木》："杨，蒲柳。"宋代《广韵》："杨，赤茎柳。"可见最早的时候杨和柳是一个树种，杨是柳的一种——蒲柳，又叫水杨，一入秋就会凋零，故有"蒲柳之姿，望秋而落；松柏之质，经霜弥茂"的咏叹。

《战国策》中讲了一个故事："楚有养由基者，善射，去柳叶者百步而射之，百发百中。"后来被总结为成语"百步穿杨"。养由基射的明明是柳叶，为何称为"穿杨"？这就是杨和柳本为同一树种的缘故。唐代还有一个很好玩儿的故事，也能够很好地说明杨柳一体。诗人李泌写诗讽刺杨国忠道："青青东门柳，岁晏复憔悴。"杨国忠拿着诗去向玄宗李隆基告状，玄宗笑着说："赋柳为讥卿，则赋李为讥朕可乎？"杨国忠明明姓杨，玄宗却说"赋柳为讥卿"，同样是杨柳一体的明证。

唐人传奇《炀帝开河记》中描写了一个生动有趣的传说。汴梁（今开封）的大渠修成后，为了避暑，隋炀帝亲自动手，与群臣及百姓将两岸都栽满了垂柳，当时的歌谣唱道："天子先栽，然后百姓栽。"栽毕，隋炀帝御笔写赐垂柳姓杨，曰杨柳也。虽然是民间传说，但也间接证明了杨柳一体。

在古代诗文中，杨柳是常见的意象。李渔在《闲情偶寄》中写道："柳贵于垂，不垂则可无柳；柳条贵长，不长则无袅娜之致，徒垂无益也。"柳、留谐音，因此"柳"常常用来暗喻离别之情；加上柳条最长，因此古人总是折柳而别。白居易《忆江南》："曾栽杨柳江南岸，一别江南两度春。遥忆青青江岸上，不知攀折是何人。"施肩吾《折杨柳》："伤见路旁杨柳春，一重折尽一重新。今年还折去年处，不送去年离别人。"有唐一代，人们离开长安远去，必在杨柳掩映的霸陵桥作别，因此才有李白的千古名句："年年柳色，霸陵伤别。"

垂柳依依袅娜，故用"杨柳腰"比喻女子苗条的腰肢。还记得白居易的名句吧？"樱桃樊素口，杨柳小蛮腰。"白居易的歌姬樊素是樱桃小口，另一名歌姬小蛮是杨柳之腰，各擅胜场。因为杨柳的这种特质，古人常常把妓院聚集的地方称作柳市花街或柳巷花街。

冠

衣裳承瑞气，冠冕盖重瞳（薛能）

汉字身世小档案

- “冠”的本义就是帽子。因为戴在头上，因此引申出“第一名”的意思。
- “冕”的本字其实就是“免”。“免”在甲骨文中是象形兼会意字，像一个戴着帽子的人跪着的样子。
- “冠冕”是皇帝和官员所穿戴的服饰，所以引申义皆为仕宦、领袖等正面的含义。

古代男子到了二十岁要举行冠礼，表示成年了，但体魄还没有发育到最强壮，因此二十岁的男子称“弱冠”。“冠”是后起的字，小篆字形❶，这是一个会意字，上面是一块布帛之类的东西，布帛覆盖下，右下是一只手，左下是一个人，人上面的两横，下面一横代表头，头上一横是簪子，整个字形就是冠礼的形象写照：用手把头发扎起来，绾成一个髻，用簪子把头发别住，最后戴上帽子。《说文解字》：“冠，絭也。所以絭发，弁冕之总名也。”絭（juàn）是束缚之意，把头发束起来的东西就叫“冠”，因此“冠”的本义就是帽子。“冠”戴在头上，因此引申出位居第一的意思，比如冠军。

许慎说“冠，弁冕之总名也”，这里牵涉到我国古代的冠服制度。我国古代把头上的装饰物统称为“头衣”，头衣的种类计有四种：冠、冕、弁（biàn）、帻（zé）。

最初没有“冕”这个字，“冕”的古字是“免”。我们看“免”的甲骨文字形❷，这是一个象形兼会意的字，下面是一个人，上面是什么则有不同的解说。谷衍奎《汉字源流字典》认为“像人戴丧帽俯身而吊形。古代丧礼，先脱掉冠，然后用白布包裹发髻，免即此风俗的写照”。徐中舒先生则认为“像羊角形为饰之帽”。总之跟帽子有关。金文字形❸，略加简化。小篆字形❹，变得过于复杂了，而且变形得厉害，帽子的形状不大看得出来了。《说文解字》没有收“免”字，段玉裁则解释说：“免，兔逸也，从兔不见足会意。”这就失掉了“免”的本义。后来“免”字假借为免除的意思后，人们就造出了“冕”这个字。

后起的“冕”字，小篆字形❺，这是一个形声字，在“免”上面加上了表意的“冃”字，“冃”就是“帽”的古字。《说文解字》：“冕，大夫以上冠也。”需要注意的是，“冠”发展到后来，跟“冕”一样都只能供大夫以上的官员和天子本人使用，大夫以下的官员绝对不能使用。

冠服制度是我国古代最重要的礼仪制度，是等级制的象征，以此表示贵贱有等，衣服有别。夏商时期冠服制度就已经定型，汉代时各种各样的冠冕令人眼花缭乱。皇帝专用的冠称冕冠，上面有块前低后高的木板，两端各垂下十二块五彩玉，还有各种装饰品。皇帝之下的最高官员戴巍峨的通天冠。再低一级的官员戴长冠，然后是进贤冠和武官专用的武冠、法冠等，具体的形制还有非常详细的规定，此处不赘述。

冠冕既为皇帝和官员所戴，当然是很隆重的装饰，比如唐代诗人薛能的诗句：“衣裳承瑞气，冠冕盖重瞳。”“冠冕”的引申义也不可能有丝毫的贬义成分。事实也正是如此，“冠冕”引申为出人头地或者受人拥戴，也用来指称仕宦之家。大概因为冠冕制度属于形象工程，后人于是把“冠冕”和“堂皇”两个词组合到一起，专门形容那些徒有其表的人。

弁本来供士这个阶层所用，后来通用为官帽，在举行吉礼的时候戴冕，通常的礼服配弁。弁又分爵弁和皮弁两种，爵弁乃文官所戴，“爵”是“雀”的通假字，这种帽子是用赤黑色的布做成的，像雀头部的颜色，故称“爵弁”。皮弁乃武官所戴，用白鹿皮所制。因为武官戴皮弁，因此后世以“弁”字指代低级武官，比如武弁、马弁等称谓即由此而来。帻是跟帽子配套的头巾，用这种头巾包裹着头，中间露出头发，帻前高后低，然后再戴上帽子。

鬼

未能事人，焉能事鬼（《论语》）

汉字身世小档案

- “鬼”的甲骨文字形是一个象形字。在古人的想象中，鬼其实就是一个顶着怪异大脑袋的人。
- 小篆在“鬼”的字形上多加了一个字符“厶”，更让鬼添加了阴私的恐怖印象。
- 古人认为“鬼”和“归”有关，也就是人死后会回到原来的地方。

1 甲骨文

2 金文

3 小篆

鬼不仅是中国文化中深入人心又令人恐惧的形象，同样也是世界各民族文化中的共有形象。

鬼，甲骨文字形❶，这是一个象形字，下面是一个朝左边跪着的人，头上顶着一个大大的怪异的脑袋。金文字形❷，大大的怪异的脑袋照旧，不过跪着的人已经站了起来。小篆字形❸，在站着的人的右边加了一个“厶”，厶就是私，“鬼阴气贼害，故从厶”，意思是鬼的阴私特别重。由“鬼”这个字的演变可以看出：在古人的想象中，原始的鬼不过就是一个大头人，头大如斗，以至于压得人站不起身，等人能够站起身了，就开始给鬼添加更多的骇人成分，这种骇人成分就是鬼的所谓阴私，“鬼”的形象从此定型。

古时关于鬼的说法虽然千奇百怪，但最早却跟“归”这个同音字有关。《说文解字》：“人所归为鬼。”《尔雅・释训》：“鬼之为言归也。”《礼记・祭义》：“众生必死，死必归土，此之谓鬼。”《尸子》：“古者谓死人为归人。”《列子・天瑞》：“精神离形，各归其真，故谓之鬼。鬼，归也，归其真宅。”先秦政治家子产说：“鬼有所归，乃不为厉，吾为之归也。”厉是恶鬼，子产的意思是说，如果鬼有所归就不会变成恶鬼。北宋学者邢昺也说：“鬼者，归也。言人生于无，还归于无，故曰鬼也。”这是一种非常深刻的思想，正如孔子的学生季路向老师请教鬼神之事，孔子回答：“未能事人，焉能事鬼？”季路又问生死之事，孔子回答：“未知生，焉知死？”在中国古代哲学中，生才是最重要的，死不过是“归”，是回家，是返回到人的来处，所以才会产生“视死如归”这个成语，把死亡看得像回家一样正常。

由此可见，在古人的心目中，鬼并没有今天鬼故事、鬼电影中那么恐怖，既然是人之所归，那就不过是换了一个空间，换了一个时间维度的“人”而已。鬼有时候非但不令人恐怖，甚至还很可爱，有时还会被人捉弄。干宝《搜神记》中讲过一个著名的鬼故事。宋定伯有次夜行遇到了一个鬼，鬼说：“我是鬼。”宋定伯说：“我也是鬼。”两“鬼”同行，为了加快速度，鬼建议互相担着对方行走。鬼先担宋定伯，疑惑宋定伯为何如此之重，宋定伯称自己乃是新鬼。换宋定伯担鬼，非常之轻。宋定伯趁机套问鬼怕什么，鬼回答道：“怕唾。”到了集市上，宋定伯将鬼担在肩上，趁人多就要捉拿鬼，鬼大呼，落地后化为一只羊，宋定伯怕鬼再变化，急忙一口唾沫唾过去，将鬼定格为羊，卖了很多钱。

在这个著名的鬼故事中，这位老老实实的鬼哪里具备害人的心机和本事呢？反而是人的奸诈程度远远超过了鬼，因此干宝其实是借助这个鬼故事对人进行了辛辣的嘲讽。人乎？鬼乎？无非都是现实主义的鬼话而已。至于钟馗捉鬼的故事，倒是钟馗的形象比鬼还要恐怖得多，不过也早已化作了喜庆的民俗，供人自娱自乐了。

拜

蔽芾甘棠，勿翦勿拜（《诗经》）

汉字身世小档案

- “拜”的金文字形是会意字，字形是一只手和一个躬着身子的人，会意为举手至头而拜。
- 周代将跪拜仪式分为九种，称为“九拜”，前三种为吉事之拜，后六种为丧事之拜。
- 从佛教而来的“膜拜”的礼节，是非常庄重或令人敬畏的仪式，以前只能用来礼拜神佛。

❶ 金文

❷ 金文

❸ 金文

❹ 小篆

“拜”是古人见面时非常重要的礼节，由此而组成了拜谢、拜别、拜访、拜托、拜师、拜把子等很多类似的词。

拜，金文字形❶，这是一个会意字，左边是手，右边是一个躬着身子的人，头上有头发，会意为一个人举手至头而拜。金文字形❷，人屈膝举手至头而拜的样子更加形象，不过左边变成了一株禾苗，会意为将禾麦奉献给神灵，向神灵拜祭祷告，祈求丰收。金文字形❸，左边是手，右边又像禾苗，又像花朵。日本汉学家白川静先生认为“形示茎上花朵绽开之态。弓身伸手拔取此花，谓‘拜’，有摘花、拔取之义。摘花之姿与礼拜之姿相似，因此‘拜’有了恭拜之义”。《诗经·甘棠》有“蔽芾甘棠，勿翦勿拜”的诗句，蔽芾（fèi）是茂盛的样子。茂盛的甘棠树的枝叶，不要剪去，不要拔除。这里的“拜”字倒是极符合“摘花之姿”。小篆字形❹，《说文解字》引扬雄的说法：“拜，从两手下。”到了小篆字形，人的形象完全消失，变成了“从两手下”的会意字，左手是手，右边上部也是手，右下是丅，丅是“下”的古字。

《说文解字》：“拜，首至地也。”许慎的解释不完全准确，因为还有“拜首，首至手”的说法，不一定非要拜到头顶着地的程度，要根据不同等级来定“拜”的礼节。据《周礼》记载，周代有九种跪拜仪式，称“九拜”：“一曰稽首，二曰顿首，三曰空首，四曰振动，五曰吉拜，六曰凶拜，七曰奇拜，八曰褒拜，九日肃拜。”“稽”是停留的意思，稽首即叩头至地，停留一段时间。“稽首”是九拜中最恭敬的礼节：“稽首，拜中最重，臣拜君之拜。”“顿首”是叩头至地，不加停留，一触地就抬头，“顿”一下而已。“空首”是先以两手拱至地，然后用头触及两手，头不挨地，故称“空首”。以上三种为正拜，同时也是吉事之拜。

后六种为丧事之拜。“振动”是双手相击，浑身战栗，然后跪拜，以示对丧者的悲痛哀悼。“吉拜”是守丧三年期满后行的跪拜之礼，先“空首”拜，再“顿首”拜。“凶拜”是居丧期间答拜宾客的礼节，先“顿首”拜，再“空首”拜，前者表示悲伤，后者表示感谢。“奇拜”，奇为单数，即拜一次。“褒拜”是拜两次或者两次以上。最轻的跪拜是“肃拜”，身体呈跪姿，以手触地，抬头。

即使在“稽首”这种跪拜礼中，也还有更详细的区分。荀子说：“平衡曰拜，下衡曰稽首，至地曰稽颡。”“平衡”即“空首”拜；“下衡”即“稽首”，手和头都挨地；“颡（sǎng）”是额头，“稽颡”即额头触地，以至于连脸都看不见了，表示极度虔诚。《史记·周本纪》载：“商人皆再拜稽首，武王亦答拜。”“再拜稽首”是指拜了两拜之后再稽首，其恭敬程度可想而知。

此外还有从佛教而来的“膜拜”的礼节。《穆天子传》：“吾乃膜拜而受。”郭璞注：“今之胡人礼佛，举手加头，称南膜拜者，即此类也。”这是指合掌加额，长跪而拜，表示尊敬或畏服的仪礼，以前专指礼拜神佛，后来用得就很广泛了。

“拜”又可以引申为授予官职、任命的意思。《史记·廉颇蔺相如列传》：“拜相如为上大夫。”还可以引申为直到今天还在使用的义项：通过一定的仪式结成某种关系，比如拜师、拜把子，等等。颇为有趣的是，英语 bye-bye 音译为“拜拜”，临分别的时候“拜拜”而别，相约再会，倒是大有古人之风。

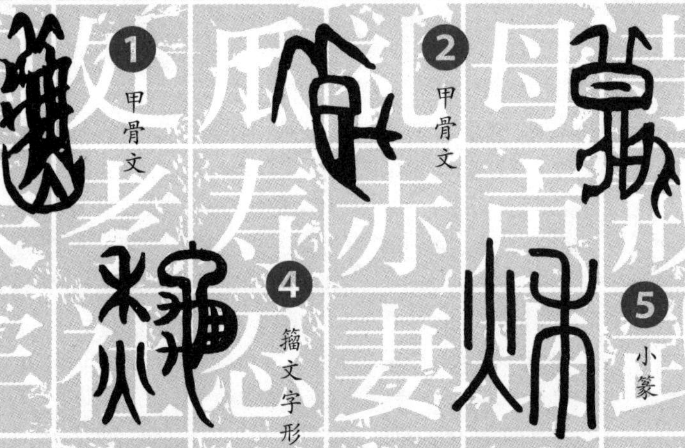

秋

眼色暗相钩，秋波横欲流（李煜）

汉字身世小档案

- “秋”是一个会意字，字形像火上有一只虫，会意为五谷成熟。
- 照五行学说，秋天属金，适刑杀，所以引申出“秋后问斩”“秋后算账”等用语。
- 在古代，“金秋”一词并无今天秋高气爽的盛世意象，恰恰相反，金秋时节是死囚们集体送命的日子。

我国是农业社会，农业耕种跟四季关系密切，因此甲骨文中就已经有了“秋”这个字。

秋，甲骨文字形❶，上面是一只蟋蟀，下面是火，左民安先生解释说：“火烧秋虫，为古代焚田之习俗，在秋末进行。”因此“秋”是一个会意字。甲骨文字形❷、❸，非常像蟋蟀的样子，《诗经·七月》中的名句：“七月在野，八月在宇，九月在户，十月蟋蟀入我床下。”蟋蟀是秋虫，因此用蟋蟀来会意秋天。《说文解字》中还收录了“秋”字的籀文字形❹，左上为“禾”，下为“火”，表示五谷熟了，右边的蟋蟀讹变为一只龟的样子。小篆字形❺，只保留了“火”和“禾”，仍然会意为五谷成熟。

《说文解字》：“秋，禾谷熟也。”《管子·四时》：“秋聚收，冬闭藏。”秋天是聚集收成的季节。《尔雅》：“秋为白藏。”这是一种有趣的说法。秋天在五行学说中属金，方位属西方，颜色则是白色，因此说“秋为白藏”。秋天又是萧条肃杀的季节，因此“秋”又引申出悲愁的意思：“秋之为言愁也。”比如把不得意的士人叫作秋士，把年老色衰的妇女叫作秋娘。

秋天肃杀，因此古代的律令刑狱之事皆称秋，比如刑部别称秋曹，处决死刑犯也都在秋天进行。古代的皇帝自诩为“天之子”，为了显示顺应天道的政治合法性，特意把刑杀安排在秋冬之际进行，因为秋冬的肃杀之气，渲染了刑杀本身的严肃性和震慑力。按照五行学说，秋天属金，适合刑杀。因此，“金秋”一词并无今天秋高气爽的盛世意象，恰恰相反，金秋时节是死囚们集体送命的日子。西汉大臣窦婴是在农历十二月的最后一天被杀，因为过了这一天就是春天了，不仅不能再行刑，还有可能遇赦。这一季节的刑杀被称为“天刑”，在以儒家为正统意识形态的历史中，金秋时节举行的“秋决”并不仅仅是夺去了一个死囚的身体，甚至被上升到用上天来惩罚死囚的高度。而“天之子”，就是上天在人间的代理人，是上天授权施行“天刑”的最高律令。

我国历史上第一次出现“秋后决死刑”的记载，是在《金史·刑法志》中。该法规定只有强盗这一个犯罪种类排除在秋决的禁忌之外，其余一切死刑犯都要在金秋时节处决。后来“秋决”这个词更加通俗化为“秋后问斩”“秋后算账”，在古代小说中非常常见。

“秋”还用来形容女人的眼波，这是因为秋天的时候天空高远，秋风吹拂着水面，水中涟漪荡漾，清澈无比，这样的水被称作“秋水”。“秋水”清澈到什么程度呢？可以一眼望到底，因此有“望穿秋水”一词。因此，古人就用“秋水”“秋波”来比喻女人清澈明亮又流转荡漾的眼波，实在是太形象了！

最早使用“秋波”一词的应该是那位著名的词人皇帝、南唐后主李煜了，李煜在写给小周后的情书《菩萨蛮》中吟咏道：“眼色暗相钩，秋波横欲流。”《西厢记》中的名句：“饿眼望将穿，馋口涎空咽，空着我透骨髓相思病染，怎当他临去秋波那一转！休道是小生，便是铁石人也意惹情牵。”这段描写太有名了，以至于崔莺莺“临去秋波那一转”成为中国爱情史上最著名的秋波事件，影响所及，清代人徐震在《美人谱》中把它作为美人七项“韵”标准的压卷选项。这七项“韵”的标准是：“帘内影，苍苔履迹，倚栏待月，斜抱云和（云和是弦乐器），歌余舞倦时，嫣然巧笑，临去秋波一转。”

1 甲骨文

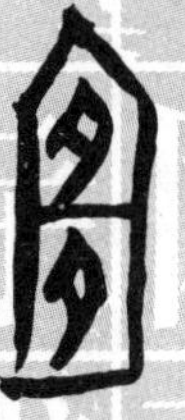

2 甲骨文

3 金文

4 金文

5 小篆

俎 人方为刀俎，我为鱼肉（《史记》）

汉字身世小档案

- “俎”原本是指盛肉用的祭器，后来才引申为割肉的砧板。
- “刀俎”指切肉的刀和砧板，“人为刀俎”也就是任人宰割。
- “折冲樽俎”是指不用武力，而在酒宴谈判中制敌取胜的意思。

鸿门宴上，刘邦起身去上厕所，招樊哙出去，刘邦想逃跑，又担心没有当面向项羽辞别，不合礼节，樊哙说："如今人方为刀俎，我为鱼肉，何辞为！""俎"在古代是使用率极高的字，这跟古人日常生活中地位非常重要的祭祀有关。

俎，甲骨文字形❶，这是一个象形字，外面是祭祀所用的礼器，里面装了两块供祭祀用的牲肉，此牲肉为牛羊肉。甲骨文字形❷，里面更像肉块的形状。金文字形❸，祭器左边还有两只把手。金文字形❹，把手的形状更形象。小篆字形❺，两块肉移到了祭器的外面。

《说文解字》："俎，从半肉在且上。"按照许慎的解释，"俎"变成了一个会意字，两片肉在祭器"且"上，会意为祭祀和宴饮的器具，这是"俎"的本义。《诗经》中有"为俎孔硕"的诗句，"孔硕"是硕大的意思，盛肉的祭器硕大无比。《左传》中亦有"鸟兽之肉不登于俎"的记载。按照礼仪，祭祀必须使用专供祭祀的牲肉，鸟兽的肉是不能盛在祭器中的。古籍中还经常可以看到"俎豆"一词。"豆"也是祭器，不过是高脚的器具，"俎豆"是两种祭器，合在一起泛指各种礼器。"俎"从盛肉的祭器又引申为割肉的砧板。古时候的砧板两端有足，倒是符合器具的形状，因此"刀俎"一词即指切肉的刀和砧板，是宰割的工具。

《庄子》中说："庖人虽不治庖，尸祝不越樽俎而代之矣。"尸祝是祭祀时的主持人，樽是盛酒的酒器。这句话的意思是：即使厨师偷懒不下厨，祭祀的主持人也不能越过樽俎去代替他下厨。由此产生了一个成语——越俎代庖，比喻越权办事或包办代替。

据《晏子春秋》记载，春秋后期，晋平公准备伐齐，先派范昭出使齐国以探虚实。齐景公摆下酒宴，酒过三巡，范昭借着酒劲儿要求用齐景公的"樽"饮一杯酒。齐景公不便驳他的面子，就答应了。范昭用齐景公的酒樽饮过之后，齐国国相晏子立刻命人更换了齐景公的酒樽。事后，晏子对齐景公说："以范昭的平素为人，并非粗鲁不懂礼节，他故意装醉并用您的酒樽饮酒，不过是想试探一下我们君臣而已。"果然，范昭回去后向晋平公汇报此行的收获，说："现在征伐齐国还不是时机，齐国君臣和睦，又守礼节，还是等一等吧。"

孔子听说了这起外交风波，评论道："夫不出于樽俎之间，而知千里之外，其晏子之谓也，可谓折冲矣！"孔子是在赞叹晏子，说他在樽俎之间、酒宴之上就能够判断千里之外敌人的预谋。折，挫折，屈服；冲，冲车，古代的一种战车，用以冲城攻坚。"折冲"意为挫退敌方的战车，使敌人的冲车屈服。此后，"折冲樽俎"就演变成一个固定的成语，指不用武力而在酒宴谈判中制敌取胜，所谓"不战而屈人之兵也"。

眉

螓首蛾眉，巧笑倩兮，美目盼兮（《诗经》）

汉字身世小档案

- “眉”的甲骨文字形是一个象形字，就像一个大眼睛上面有长毛的样子。
- 古人有美眉、恶眉之分，从眉毛来判断健康。
- 女人的眉毛普遍比男人的好看，因此“眉”可以引申为美女。
- 蛾像蝴蝶，触须细长而弯曲，故用“蛾眉”来比喻女子美丽的眉毛。

作为人体的组成部分之一，“眉”字出现得很早，甲骨文字形❶，这是一个象形字，一只大眼睛上有两条眉毛。甲骨文字形❷，下面是人形，上面是大眼睛和三条眉毛。金文字形❸，为了更加突出眉毛的形状，干脆把眉毛搬到了眼睛上方。小篆字形❹，直接从金文演变而来。楷体字形完全看不出眉毛的形状了。

《说文解字》：“眉，目上毛也。”古人有美眉、恶眉之称，《黄帝内经》：“美眉者，足太阳之脉血气多；恶眉者，血气少也。”眉毛无华彩而枯瘁称作恶眉，可见眉毛也可以反映人身体是否健康。女人的眉毛普遍比男人的好看，因此“眉”可以引申为美女，《释名》：“眉，媚也，有妩媚也。”女人眉毛姣美，最易传情，所以“眉”可用来形容妩媚的美女。《诗经·硕人》中的名句：“螓首蛾眉，巧笑倩兮，美目盼兮。”螓（qín）是像蝉的一种昆虫，体小、方头，广额而有文彩，因此用螓首来比喻女子美丽的额头；蛾子形似蝴蝶，触须细长而弯曲，因此用蛾眉来比喻女子美丽的眉毛。古代女人对眉毛非常重视，常用青黑色的颜料画眉，这种颜料叫黛，因此眉毛又称眉黛。明代流传一篇《十眉图》，把女人画出来的眉毛分为十种，名字都非常好听：鸳鸯眉、小山眉、五岳眉、三峰眉、垂珠眉、却月眉、分梢眉、还烟眉、横云眉、倒晕眉。

西汉语言学家扬雄所著的我国第一部方言学专著《方言》中记载，周代时的齐国称“老”为“眉”，另外“黎”也称“老”，吴地方言尊称老人为“黎老”。《诗经·七月》一诗中有这样的诗句：“十月获稻，为此春酒，以介眉寿。”十月收获稻谷之后，要酿制春酒，为长寿的老人祝寿。《诗经》中屡屡出现“眉寿”一词。西汉初期，传授《诗经》的《毛传》一书解释道：“眉寿，豪眉也。”“豪”同“毫”，意思是人年老时眉毛上会长出几根特别长的毫毛，即孔颖达所说“人年老者必有豪毛秀出者，故知眉为豪眉也”。这种解释很新颖，只是不知道人老了之后长出“豪眉”是特例还是通常现象，不敢妄猜。

人们通常把“齐眉”当作“举案齐眉”的略语，“案”是木制的盛食物的矮脚托盘，“举案齐眉”就是把盛饭的托盘举到眉毛的高度献给丈夫进食，形容夫妻之间相敬如宾的恩爱。这个典故出自东汉时期，梁鸿和妻子孟光迁居到吴国，投靠到大财主皋伯通家里，并住在堂下的廊屋里，靠给人舂米过活。梁鸿每次外出归来，孟光已经做好了饭，举案齐眉，把盛饭的托盘举到眉毛的高度献给丈夫进食，不敢仰视。皋伯通偶然看到这种情形，不觉大惊，对别人说：“梁鸿不过是一介仆佣，他的妻子却对丈夫如此恭敬，看来此人不是凡人。”于是将梁鸿两口子请到家中居住，供给他们的衣食。这就是成语“举案齐眉”的来源。

不过，“齐眉”不仅仅是“举案齐眉”的略语，单独使用的时候，它用来比喻夫妻白头偕老。清代规定，凡是六十岁以上的“齐眉”夫妻，都会得到彩缎珍品的赏赐。雍正皇帝时期，广东兴宁县有位活了一百二十岁的老寿星，共有五子，也都活到了七八十岁，朝廷为了表彰这“一门眉寿”，特意赏赐了一匹御用的绸缎。

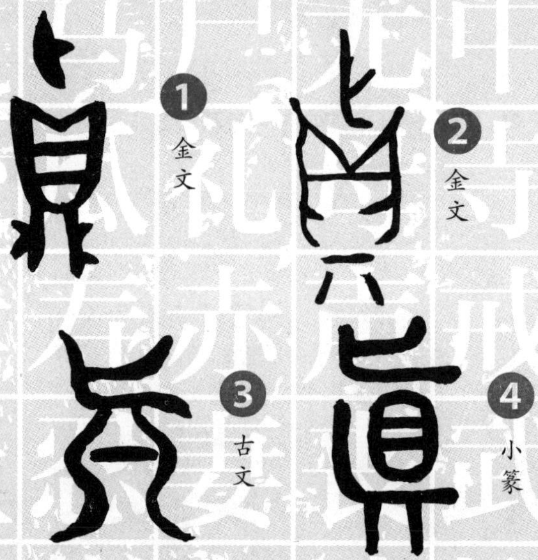

真

为伊判作梦中人，长向画图，清夜唤真真（纳兰性德）

汉字身世小档案

- “真”字是一个会意字，用“匕”“目”“乚”“八”四个字符，会意为会飞升成仙的真人。
- “真”的字符“八”是仙人穿在脚上的飞行工具，有龙跻、气跻、鹿卢跻三种。
- “真人”存养本性，修真得道，因此“真”引申为本性、本原，进而引申为真诚、真实。

“真”是一个结构和含义都极其复杂的汉字，这个字造出来后所引发的争议，跟古人关于出世的理想以及入世的做人的道理息息相关。

真，金文字形❶，有学者认为是“珍”字的初文，上面是“参”字古文的反写，下面是鼎的形状，表示宝贵的意思。也有学者认为上面是人形或饭匙的“匕”，会意为从鼎中取美味的食品。但是另一个金文字形❷却无法这样解释了，我们把这个字形留到小篆时一起讲解。《说文解字》收录的更早的古文字形❸，段玉裁惊呼道：“非仓颉以前已有真人乎？”在他看来，这个字形一定表示“真人”。小篆字形❹，到了这个时候，我们才可以破解“真”字的造字密码。

《说文解字》：“真，仙人变形而登天也。从匕目L，所以乘载之。”“匕”是“化”的古字，有变化、变形之意。中间是一个“目”字，即眼睛，段玉裁解释说，道家的养生之道以耳目为先，耳目是寻真的梯级。“L”是“隐”字的古字，意为仙人可以隐形。最下面类似于“八”的符号其实不是“八”，而是仙人用以乘载的工具，按照段玉裁的说法，这个工具就是指方士穿的专用草鞋，叫作“蹻（jué）”，穿上草鞋的双脚形似“八”字形。这个乘载工具也就是金文字形❷和古文❸下面的两个符号。道家经典著作《抱朴子》中说：“若能乘蹻者，可以周流天下，不拘山河。”乘蹻之道有三种，一种叫龙蹻，一种叫气蹻，一种叫鹿卢蹻，是三种飞行的用具，都用一个“八”字形来代表了。

于是，“真”字就是一个会意字，而且一下子动用了四个符号来会意：匕、目、L、八，真是无比复杂，同时也可以看出古人的智慧。“真”是“眞”的俗字，现在已不大看得出造字的原意了。

道家把修真得道之人称作“真人”。庄子在《大宗师》一篇中曾经详细描述过“真人”的种种特异之处：“古之真人，其寝不梦，其觉无忧，其食不甘，其息深深。真人之息以踵，众人之息以喉。”“古之真人，不知说生，不知恶死；其出不欣，其入不距；翛（xiāo）然而往，翛然而来而已矣。不忘其所始，不求其所终；受而喜之，忘而复之，是之谓不以心捐道，不以人助天。是之谓真人。”《淮南子·本经训》中也说：“莫死莫生，莫虚莫盈，是谓真人。”秦始皇对这种“真人”羡慕得不得了，他曾亲口说：“吾慕真人，自谓‘真人’，不称‘朕’。”

《西游记》中唐僧对孙悟空说道：“悟空，这里人家，识得我们道成事完了。自古道，真人不露相，露相不真人。恐为久淹，失了大事。”早在明代之前，“真人不露相，露相不真人”这句俗语就开始流行了。宋代禅宗史书《五灯会元》中，智海本逸禅师说偈曰：“佛也打，祖也打，真人面前不说假；佛也安，祖也安，衲僧肚皮似海宽。”这是“真人面前不说假话”的由来。从以上两句俗语可见，“真人”不仅是古代中国人的出世理想，同时也是日常生活中入世的做人道理。

道家的“真人”存养本性，修真得道，因此“真”引申为本性、本原，进而引申为真诚、真实，还有无数的引申义，都是从道家的“真人”这个概念而来。最有趣的是“写真”一词，“真”指人的真容，“写”是摹画，“真人”早就飞升成仙，当然只能勉强摹画，仅仅只能形容画技之高了。唐代进士赵颜有一次在画工处见到一位美貌丽人的画像，画工告诉他这位美眉叫真真，需要昼夜不停地唤她的名字一百天，就可以把她唤活，因此后人就用“真真”来比喻美女。清代词人纳兰性德的名句“为伊判作梦中人，长向画图，清夜唤真真”，只能当作传奇来看了。

1 金文

2 小篆

3 小篆「斟」

酌

且喜得斟酌，安问升与斗（王维）

汉字身世小档案

- “酌”字左边是酒器，右边是把长柄的勺子，会意为从酒器中舀酒。
- “斟”小篆字形是一个形声字，也是用勺子舀酒的意思。
- “斟”和“酌”都是倒酒的意思，“斟”得不满要再加一点，“酌”得过多要减一点，所以需反复掂量，由此引申出“斟酌”一词。

斟酌连用，是反复考虑，然后再决定取舍的意思。

先说酌，金文字形❶，这是一个会意兼形声字，左边是一尊酒器，右边是一个长柄的勺子，会意为从酒器中舀酒。小篆字形❷，接近金文，不过勺子的形状有所变化。

《说文解字》："酌，盛酒行觞也，从酉勺声。"段玉裁解释道："盛酒于觯中以饮人曰行觞。"觯（zhì）是一种酒器。《诗经·卷耳》中有诗曰："我姑酌彼金罍。"罍（léi）也是一种盛酒器，意思是我姑且把金罍里斟满美酒。李白有"花间一壶酒，独酌无相亲"的名句，"独酌"就是自个儿给自个儿"盛酒行觞"。"酌"还用作酒的名字，祭祀时所用的清酒叫"清酌"。

再说斟，小篆字形❸，这是一个形声字，从斗甚声。《说文解字》："斟，勺也。"就是说用勺子舀酒。"斟"和"酌"都是倒酒的意思，那么二者有什么区别呢？二者的区别非常细微：酒倒得不满叫"斟"，倒得溢了出来叫"酌"，所谓"斟酌损益"是也。因此，倒酒的时候，"斟"得不满了要再加一点，"酌"得过多了要再减一点，贵在适中，所以需要反复掂量，把酒倒得恰到好处，故称"斟酌"，这就是"斟酌"一词的本源。王维有诗："且喜得斟酌，安问升与斗。"这个"斗"的量词就是"斟"的形旁。

"斟酌"一词出自《国语·周语》。跟"斟酌"有关的这段话非常有名，因为从这段话里还诞生了两个成语。周厉王暴虐无道，国人写了很多民谣骂他，邵公告知厉王这种民怨沸腾的情况，说："民不堪命矣！"老百姓无法再活下去了！可厉王非但不改过，反而雇佣了一批特务对国人进行监视，结果谁都不敢发牢骚了，连路上互相碰到也不敢说话，只能"道路以目"，这是诞生的第一个成语。

厉王一看大见成效，喜滋滋地对邵公说："你看，再也没有人说我的坏话了！"邵公回答说："防民之口，甚于防川。"这是诞生的第二个成语。接着邵公又劝说厉王不能采取堵百姓之口的办法，而应该去疏导，文武百官都有各自的职责，应该尽其所用，只有这样百姓才会安定下来。其中有一句话："耆艾修之，而后王斟酌焉，是以事行而不悖。""耆（qí）艾"乃尊长、师长、长老，是对老年人的尊称，"耆艾"的职责是最后修正百官的作为，提供给国君，国君再加以"斟酌"，这样才不会作出悖谬的举动。

邵公的这番忠告厉王根本就没听进去，也根本不愿加以"斟酌"，照样施行暴政，国内三年之久人们都不敢发言，但是三年之后，国人暴动，厉王遭到了流放的命运。

《荀子》的《富国》篇中也是这个意思："故明主必谨养其和，节其流，开其源，而时斟酌焉。"顺便说一下，"开源节流"的成语就出自《荀子》。古人真是太了不起了，随口说一句话就变成了风行两千多年的成语！

贼

王者之政，莫急于盗贼（李悝）

汉字身世小档案

- “贼”金文字形，左边是一把刀，右上方是一把戈，下面是一只贝，会意为持刀持戈去毁坏贝的意思。
- “盗”的甲骨文字形也是一个会意字，字形像一个人看着器皿里的东西直流口水。
- “盗”和“贼”的区别古今正好相反，古代偷窃别人货物的人叫盗，抢劫别人货物的人叫贼。

只要有人的地方就会有盗贼，因此“盗贼”的称谓很早就出现了，《周礼》中有小宰的官职，职能之一就是“以除盗贼”。“盗贼”是强盗和小偷的统称，类似的字眼儿还有窃、劫、寇。古人对这些行为都有严格的区分。

先说贼，金文字形❶，这是一个会意字，左边是一把刀，右上方是一把戈，下面是一只贝，会意为持刀持戈去毁坏贝。小篆字形❷，那把刀移到戈的下方。《说文解字》：“贼，败也。”“贼”的本义是毁坏，引申为伤害之意。

再说盗，甲骨文字形❸，这也是一个会意字：下面是一个器皿，上面是一个人面朝左站立，看着器皿里的东西直流口水。但是徐中舒先生认为下面是“舟”，后来讹变为“皿”；“从舟以显泛滥之意”，因此“盗”的本义是水流泛滥。也有学者认为这个字形会意为：一个人流着口水，乘舟过河，前去劫掠。小篆字形❹，口水变成了水形，下面的“舟”讹变为“皿”。《说文解字》：“盗，私利物也。”《荀子》中则解释得更清楚：“窃货曰盗。”可见，“盗”是指偷窃别人货物的行为。《荀子》又说：“害良为贼。”杀害好人称“贼”。

盗和贼的古今之别非常有意思，偷窃别人货物的人叫盗，今天却叫贼；抢劫别人货物的人叫贼，今天却叫强盗。

窃和劫呢？《说文解字》：“窃，盗自中出曰窃。”“盗自中出”就是监守自盗的意思，因此民间把“窃”称作家贼。《说文解字》：“劫，人欲去，以力胁止，曰劫。”劫就是使用武力强夺。此外，“寇”是入侵、侵犯：“群行攻劫曰寇。”“强取曰寇。”“凡兵作于内为乱，作于外为寇。”故称“内乱”“外寇”。还有“草寇”的称谓，用来形容出没山林草莽的强盗。

这些区分非常重要，因为直接牵涉到法律上的定罪。战国时期魏国改革家李悝制定的我国第一部比较系统的成文法典《法经》，共分六篇，前两篇即为《盗》法和《贼》法。李悝认为“王者之政，莫急于盗贼”，《盗》法是保护私有财产的法规；《贼》法是防止叛逆、杀伤，保护人身安全和维护社会秩序的法规，量刑当然也就不一样。汉魏时期叫盗律、贼律，后周叫劫盗律、贼叛律，到了隋代才在律法中将盗和贼合一，唐宋沿用。

王立群曾经提出过司马相如对待卓文君是“劫财劫色”，遭到了普遍的质疑。王立群的理由是，古代典籍中有三处记载司马相如的这一行为：扬雄《解嘲》称“司马长卿窃赀于卓氏”；《颜氏家训》中称“司马长卿，窃赀无操”；司马贞在《史记索隐》中说“相如纵诞，窃赀卓氏”。这里的“赀(zī)”通资，指财货。

于丹就是用“窃”和“劫”的区别驳斥了王立群的说法：“‘劫财’和‘窃赀’不是一回事。上举三例，都没有表示出‘司马相如以武力抢夺卓氏钱财’的意思，因而所举证据，不能支持所持结论，那么这一结论自然就不能成立了。”换言之，司马相如只不过使用美男计，偷窃了卓文君的资产而已，并没有使用武力抢劫。

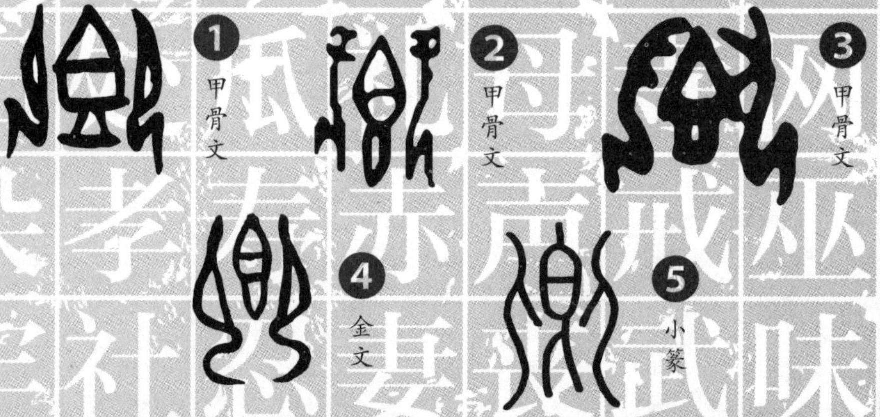

卿

亲卿爱卿，是以卿卿；我不卿卿，谁当卿卿（王戎妻）

汉字身世小档案

- “卿”字的字形就像两个人围坐在食器旁进食，从此引申出陪君王共食之人，因此君王称臣子为“卿”。
- “卿”也可用来表示爱意，用于夫妻之间，例如“卿卿我我”。
- “卿”本是上对下的称呼，依古礼，丈夫可以用来称妻子，妻子却不能以此称丈夫。

古代皇帝称呼自己的臣子为爱卿，“卿”字怎么会有这样的意思呢？我们来看看这个字的演变过程。

卿，甲骨文字形❶，这是一个会意字，中间是一个食器，两个人围坐在食器两旁共同进食，会意为飨食。甲骨文字形❷，两个人好像张大了嘴巴。甲骨文字形❸，两个人还伸出了手。最初造字的时候，飨、鄉、卿其实就是一个字：“飨”的本义是乡人相聚宴饮，此意义就是从“卿”的甲骨文字形引申出来的。因为宴饮时两人或多人要相对而坐，引申为相聚宴饮；“鄉”通“向”，宴饮时要面向食器而坐，因此引申为“向”。造出了“飨”和“鄉”之后，三个字的功能才分开。

“卿”从飨食的本义进一步引申为陪君王共食之人，这就是君王称臣子为“卿”的由来。金文字形❹，接近甲骨文。小篆字形❺，变成了一个形声字。

《说文解字》：“卿，章也。”章是明理的意思，臣子通明达理。不过这是“卿”的引申义，而不是本义。能够陪君王共食，那当然是最高级别的官员了，因此古时的最高长官称为六卿，即天官冢宰、地官司徒、春官宗伯、夏官司马、秋官司寇、冬官司空。冢宰又称太宰，为六卿之首，掌国政，统百官；司徒掌土地和教化；宗伯掌宗庙祭祀；司马掌军政；司寇掌刑狱、纠察；司空掌工程。

六卿之上还有三公，即太师、太傅、太保，多为重臣加衔，以示恩宠，并无实职。三公的副手是少师、少傅、少保，这三个副手和六卿并列起来，共称九卿。这就是我国古代三公九卿官制的由来。

君王称臣子为“卿”，这是第二人称，因此“卿”的这种称呼扩大开来，用于表示尊敬或者爱意的第二人称，比如秦末的宋义被楚王封为上将军，因为得宠，别的将领都称他为“卿子冠军”。“卿”和“子”连用，是当时人相互尊重的称呼用语，就如称“公子”一样表示尊敬。表示爱意的“卿”，用于夫妻之间，最著名的就是成语“卿卿我我”，这个成语出自《世说新语·惑溺》。“竹林七贤”中最年轻的名士叫王戎，王戎成婚后，妻子常常用“卿”来称呼他。古代男尊女卑，按照礼节，妻子称丈夫为“君”，“卿”本来是上对下的称呼，丈夫可以用来称呼妻子，妻子却不能称呼丈夫，所谓“贵人不可卿，而贱者乃可卿”。于是王戎就教训妻子说：“女人称丈夫‘卿’不符合礼节，属于以下犯上，是不敬的表示，以后你别再这样称呼了。”

哪知王戎的妻子脾气很倔，当场给王戎来了一段绕口令：“亲卿爱卿，是以卿卿；我不卿卿，谁当卿卿？”意思是：我是因为亲你爱你，才叫你“卿”的，如果你不让我叫你“卿”，那你想让谁叫你“卿”？言外之意是，难道让别的女人叫你“卿”不成？王戎一听哑口无言，此后只好听之任之了。

后来，王戎妻子这段“卿卿我我”的绕口令就变成了时髦用语，一直流传到今天，夫妻之间恩爱或者男女之间调情就开始使用“卿卿我我”来形容了。

臭

朱门酒肉臭，路有冻死骨（杜甫）

汉字身世小档案

- “臭”是一个会意字，上面的“自”是鼻子，底下的“犬”字，会意为用鼻子闻东西。
- “臭”这个字最早读作xiù，作名词用，是气味的总称；作动词用，是嗅闻气味的意思。
- “其臭如兰”的意思是香气像兰花那样馥郁。

“朱门酒肉臭，路有冻死骨。”杜甫的这句诗是封建统治阶级奴役劳动人民的典型写照。其中最显眼的当然是“臭”字，但是如果把“臭”理解成发臭的“臭”，这句诗就变得不符合逻辑了。

朱门，当然是指有权有钱人家的大门了，只有他们才有资格把门漆成大红色。朱门里面大吃大喝，吃不完的就倒在外面（不管是大街上还是下水道），结果时间长了就变臭了。作为对比，朱门的酒肉变臭了，可是路边却赫然罗列着贫民、流民的白骨，这是一副多么鲜明的对比啊！贫富分化，杜甫的诗于是成为了典型的教科书式的榜样。

这样的理解是阶级分析法的一厢情愿。因为就像穷人在深冬的寒夜被冻死了一样，朱门里面吃剩的酒肉倒了出来，难道就不会冻得一点儿气味都没有了吗？死尸闻不到臭气，酒肉当然也就闻不到臭气。大自然的冰箱不管对“冻死骨”和“酒肉”都是一视同仁的。

这样错误的理解是由于不懂得“臭”这个字所导致的。

臭，甲骨文字形❶，这是一个会意字，上部为“自”，是鼻子的形状。最初没有“鼻”这个字，古人就用“自”来指称鼻子。直到今天，人们说到自己的时候，还总是指着自己的鼻子。“臭”的下部是一只犬，头朝上，腿朝左，尾巴朝下。甲骨文字形❷，这只狗面朝右。明清之际的《六书通》还收录了一个篆体字形❸，字形更加美丽。小篆字形❹，变化不大。

狗是中国古人最早驯化的动物之一，古人深深懂得狗的嗅觉特别灵敏，因此用鼻子和犬会意为“臭”字。《说文解字》：“臭，禽走臭而知其迹者，犬也。”段玉裁注：“走臭犹言逐气。犬能行路踪迹前犬之所至，于其气知之也，故其字从犬自。自者，鼻也。引申假借为凡气息芳臭之称。”

古人云：“古者香气秽气皆名之臭。”《广韵》：“凡气之总名。”清代文字学家朱骏声解释道：“人通于鼻者谓之臭。臭者，气也。”孟子曰：“口之于味也，目之于色也，耳之于声也，鼻之于臭也，四肢之于安佚也，性也。”《诗经·文王》：“上天之载，无声无臭。”这几处的“臭”都作为气味之总名解。“臭”这个字最早应该读作 xiù，是动词，意思是闻气味，不管什么气味，包括香的臭的都闻。如果作为名词，“臭”是气味的总名，所有的气味——香、臭、腥、臊——全都可以叫“臭”。此之谓“凡气之总名”。

作为佐证，《易经》中说：“同心之言，其臭如兰。”意思是说：如果咱俩同心同德，那么咱俩说出来的话，其气味就像兰花那样馥郁芳香。这个“臭”哪里还有咱们今天以为的发臭的意思？简直就是知己和恋爱男女之间的吐气如兰啊！

因此，“朱门酒肉臭，路有冻死骨”全句的意思跟普通的理解大相径庭——朱门里面的酒肉散发出绵绵不绝的香气，朱门外面的路上却因为天寒地冻，冻死了无数的穷人，有的穷人死的时间长了，白骨都露出来了。

① 甲骨文

② 甲骨文

③ 金文

④ 小篆

朕

帝高阳之苗裔兮，朕皇考曰伯庸（屈原）

汉字身世小档案

- “朕”的甲骨文字形是一个会意字，像手拿着工具修补船缝的样子，因此“朕”的本义就是舟缝，引申为一切缝隙都称为“朕”。
- 起初，“朕”引申当作“我”的意思时，任何人都可以用来自称。
- 从秦始皇开始，规定只有皇帝才能自称“朕”。

凡是中国人都知道，“朕”是皇帝的专用称谓，除了皇帝任何人都不准使用，但是这个称谓是怎么来的呢？

朕，甲骨文字形❶，这是一个会意字。关于这个字形古往今来众说纷纭。大致说来，左边是条船（舟），右边是两只手捧着一个上下竖立的工具。商承祚先生认为这个工具是“弥缝之具”，即弥补船上漏缝的工具；还有人认为双手上面那一竖表示船缝；也有学者认为那一竖表示撑船的篙，会意为双手持篙撑船。甲骨文字形❷，左右位置对换。金文字形❸，接近甲骨文。小篆字形❹，双手上面那一竖讹变为“火”，叶玉森先生解释说：“像两手奉火以衅舟之缝。”弥补船的漏缝需要用火。楷体字形左边的“舟”讹变为“月”，导致字形面目全非，完全看不出造字的原意了。

《说文解字》：“朕，我也。”据清代文字学家戴震先生考证，这并不是“朕”的本义，“朕”的本义是：“舟之缝理曰朕。”也就是说，“朕”的本义就是舟缝，引申为一切缝隙都称“朕”。他以春秋时期的手工业技术文献《考工记》为依据：“视其朕，欲其直也。”元代学者马端临说：“朕，缝也。缝路皆直，则制作之善也。”段玉裁说：“凡言朕兆者，谓其几甚微。”朕兆都很细微不可见，因此“朕”引申为征兆的意思。

但是“朕”为什么引申为“我”，却没有任何令人信服的结论。有一种说法认为，“朕”的上古读音跟余、予的声母发音极其相近，因此借用为第一人称代词。蔡邕说：“古者尊卑共称朕。”最早的时候，“朕”并不是皇帝的专称，任何人都可以自称“朕”，比如屈原《离骚》中的名句：“朕皇考曰伯庸。”意思是我已故父亲的名字叫伯庸。秦灭六国之后，秦始皇才开始规定“朕”只能用于皇帝自称。段玉裁提供了一个非常有趣的观点：“赵高之于二世，乃曰天子所以贵者，但以闻声，群臣莫得见其面，故号曰朕。比附朕字本义而言之。遂以亡国。凡说文字不得其理者，害必及于天下。”段玉裁的意思是秦二世受赵高摆布，群臣都见不到他的面，只能闻声，群臣跟皇帝的关系就像一条窄窄的缝隙一样，因此秦二世号为“朕”，是比附“朕”字的本义而言。但是自称“朕”确实是从秦始皇开始的，不知道段玉裁的说法有何依据。

先秦时期，诸侯国的国君还有“寡人”“孤”“不谷”的自称。《礼记·曲礼下》中有非常严格的规定：诸侯国的国君对内自称“寡人”；东夷、北狄、西戎、南蛮的国君对内自称“孤”；九州的最高长官，其领地在四夷的，对内自称“不谷”，“谷”是善的意思，“不谷”即不善。“人之所恶，惟孤、寡、不谷，而王公以为称。”国君乃一国的最高统治者，干吗要用这么坏的字眼儿自称呢？这是因为春秋战国时期乃乱世，各国之间征战不休，对人才的需求十分迫切，对百姓的安抚也十分重要，“虽贵必以贱为本，虽高必以下为基”，因此诸侯国的国君才如此谦称自己，以示不忘根本之意。

1 金文

2 金文

3 小篆

爱

亲至结心为爱（沈宏）

汉字身世小档案

- “爱”的金文字形是一个会意字，像用手抓着心，走去奉献给心爱的人，会意为思念父母的意思。
- “爱”的引申义有亲近、恩惠、好乐、吝惜等意义。

前两年，学界关于是否恢复繁体字引发了巨大的争论，赞同恢复者提出了很多论据，其中最广为人知的论据就是这个“爱”字。繁体字中的“爱”字中间有颗心，简体字将这颗心给删除了。论者曰，没有“心”还怎么“爱”？但是为什么“爱”这个字最初造出来的时候会有一颗心，却没有人说得清楚。

爱，金文字形❶，这是一个会意字，但究竟是怎么会意的，却众说纷纭。下面是一颗心，这是毫无疑义的；上面的字符，有人认为像一个人张大嘴巴呵气，加上“心”表示用心地嘘寒问暖。还有人认为上面这个字符是一个人伫立转身回顾的样子,加上“心”表示心有所系而回顾徘徊。金文字形❷，右边多了一只手的模样。小篆字形❸，下面又多了一只脚。

《说文解字》:“爱，行貌。”许慎竟然将“爱”解释成行走的样子！清代学者段玉裁相信了许慎这个解释，于是声称，当作今天“爱”这个意思的还另有一个字，但是那个字后来被废弃了，“爱”于是被假借来使用。很多人用这个证据来嘲笑那些持“爱中有心”论调的人，因为如果“爱”仅仅表示行走的样子，再被假借来使用，那么“爱中有心”的论调就变成了没有根据的猜测。

我认为从字形来看，最突出的是“心”。不管是呵气还是伫立回顾，不管添加的是手还是脚，所有这些字符都围绕着“心”,“心”才是这个字的中心符号。如果“爱”如许慎所说仅指行走的样子，那么为什么非要突出其中的“心”呢？行走只需用脚，没听说过还要用“心”来行走的。况且从小篆字形来看，包裹着的那颗“心”比金文字形的更大，用手抓着这么大的一颗心走路不嫌累赘，不嫌沉重吗？因此“爱”不应该解释为“行貌”。

在所有关于“爱”字的解释中，我认为古代学者沈宏的解释最接近“爱”的本义。在对《孝经》的注解中，沈宏说：“亲至结心为爱。”亲指父母，思念父母，想到父母身边去孝敬父母，以至于这样的念头积存于心，这就叫作“爱”。各种字书对“爱”字的解释——亲也、恩也、惠也、怜也、宠也、好乐也、吝惜也、慕也，等等——都是从本义中引申出来的义项。回过头来再看“爱”字的金文和小篆字形，它的含义就非常清晰了：把自己的一颗心突显出来，用手抓着，走着跑着去奉献给深爱的人，这才是“爱”字的本义。因此我赞成“爱中有心”的论调，没有心的爱，那叫利欲熏心，把“心”都给熏丢啦！

支持这种解释的还有一个有趣的佐证：古人称对方的女儿为“令爱”。令爱最初写作令嫒，父母都爱女儿，于是给“爱”字添加了一个“女”字旁，再加上一个表示美好的“令”字，专门用来尊敬又亲昵地称呼对方的女儿。

家

① 甲骨文 ② 金文 ③ 金文 ④ 小篆

丘也闻有国有家者（《论语》）

汉字身世小档案

- “家”是一个会意字，会意为一个房子下面养着一头猪。
- 古代“国”和“家”的区别是：“国”指王或诸侯的统治区域，“家”是卿大夫的封地食邑。
- 中国古代对于“国家”的价值观其实就是“家天下”，天下皆是皇帝的私有财产。

如果在“最中国”的汉字中再加以筛选，我认为“家”这个字可以当之无愧地进入最中之最，因为这个字隐藏着中国文化的全部奥秘。

家，甲骨文字形❶，是一个会意字，上面是“宀”，下面是一头猪（豕）。“宀”读作 mián，《说文解字》：“交覆深屋也。”明末学者田艺蘅进一步解释道：“古者穴居野处，未有宫室，先有宀，而后有穴。宀，当象上阜高凸，其下有凹，可藏身之形，故穴字从此。室家宫宁之制，皆因之。”由此可见，“宀”就是人类最早的藏身之所，“宀”里面养着一头猪，猪是中国古人最早驯养的六种动物之一，二者组合在一起，就成了“家”这个字。金文字形❷，则“家”的含义更加显豁：“宀”下面有一头头朝下的大肥猪。金文字形❸，猪的样子有些变形，以至于有人误以为是狗，但甲骨文中猪是垂尾，狗是翘尾，以此为别。小篆字形❹，今天我们所用的“家”字就此定型。

《说文解字》：“家，居也。”《尔雅·释宫》对“家”的方位作了更精准的描述：“牖户之闲谓之扆，其内谓之家。”扆（yǐ）是古代宫殿内门和窗之间的地方，从这个地方再往里走就是“家”。这个描述呼应了《说文解字》关于“宀”的解释：“交覆深屋也。”家一定是深屋，位于整个宫殿或整栋房屋的最深处，因此“有夫有妇，然后为家”。

中国传统文化往往将家、国并举，家、国不分，家、国一体，进而形成民族潜意识，导致个人价值的缺失，并深刻地影响到中国的近现代化进程。孔子在《论语·季氏》中说：“丘也闻有国有家者。”“国”和“家”的区别是：“国”指王或诸侯的统治区域，“家”是卿大夫的封地食邑。《孟子》中则说得更加清楚：“王曰：何以利吾国？大夫曰：何以利吾家？”“家”既为卿大夫的封地，那么理所当然地隶属于“国”，“家”中之人也就理所当然地隶属于“国”。因此孟子才会这样说：“人有恒言，皆曰天下国家，天下之本在国，国之本在家，家之本在身。”《易经》中更如此发挥：“君子安而不忘危，存而不忘亡，治而不忘乱，是以身安而国家可保也。”个人服从于国家，消融于国家，从而使得中国国家至上的价值观迥异于西方文明中个人至上的价值观。

“国家”已经成为一个现代概念，但是在中国，尚有一个全世界独有的称谓，这就是“家国”一词。以现代人的眼光看来，家就是家，国就是国，何来所谓“家国”？“家国”一词最早出自周公之口，西周立国后，周公曾训诫群臣，其中有这样的话：“是人斯乃谗贼媢嫉，以不利于厥家国。”孔子在《礼记·大学》中将“家国”的概念表述得更加清晰：“古之欲明明德于天下者先治其国，欲治其国者先齐其家，欲齐其家者先修其身，欲修其身者先正其心……心正而后身修，身修而后家齐，家齐而后国治，国治而后天下平。”这就是儒家著名的“修齐治平”理论，家和国不可分割的关系从中看得清清楚楚。在皇权时代，“家国”其实就是“家天下”，是皇帝一人的私有财产，唐肃宗曾经对重臣郭子仪说过这样的话：“吾之家国，由卿再造。”就是赤裸裸的“家天下”的表述，所谓“普天之下，莫非王土；率土之滨，莫非王臣”，是与现代公民意识背道而驰的。

宾

常时好宾客，永日对弦歌（张说）

汉字身世小档案

- 古代“宾”和“客”的区别非常大，宾尊而客卑，宾大而客小。
- “宾”的甲骨文字形是一个会意字，字形像一个人走到屋子里，会意为客人来到家里的意思。
- “客”的金文字形也是一个会意字，会意为外人进了家门的意思。

唐代诗人张说有诗：“常时好宾客，永日对弦歌。”宾客如云，“宾”和“客”如今几乎没有区别了，除了在特定的成语或者称谓中不能混用之外，“宾客”连用，意思大家都明白，不用多加解释。可是在古时候，“宾”和“客”的区别却非常之大：宾尊而客卑，宾大而客小，因此最尊贵的客人叫作“上宾”。古人对礼节是非常讲究的，将礼节分为五种：吉礼、凶礼、军礼、宾礼、嘉礼。“以吉礼敬鬼神，以凶礼哀邦国，以宾礼亲宾客，以军礼诛不虔，以嘉礼合姻好。”其中待客的“宾礼”在《仪礼》一书中有十分琐碎的细节规定，如果违背了这些规定，毫无疑问就是“失礼”了。

先说宾，甲骨文字形❶，这是一个会意字，上面是屋子的形状，下面是一个人，会意为客人来到家里。甲骨文字形❷，下面添加了一只脚。甲骨文字形❸，屋里的人跪着迎宾。左民安先生则解释为：“外部是房屋之形，中间跪着一个人,人下有‘止（脚）’，表示走进祀神之意。”接着他又说：“卜辞中有‘王宾’的话，也就是‘王来祭天’之意。由‘祀’可以引申为‘敬’。”因此他认为“宾”的本义是祀神。金文字形❹，将下面的“止”改成了“貝”，表示来宾带着礼物。小篆字形❺接近金文。王国维先生说：“金文及小篆易从止为从贝者，乃后起之字。”简化后的字体完全看不出造字的原意了。

《说文解字》：“宾，所敬也。”因此“宾”的意思就是地位尊贵、受人尊敬的客人，“相敬如宾”这个成语即是最好的注脚。《周礼》中有司仪这个官职；“诸侯、诸伯、诸子、诸男之相为宾也，各以其礼相待也，如诸公之仪；诸公之臣相为国客。”诸公、侯、伯、子、男称“宾”，他们的臣子称“客”，可见宾尊而客卑，宾大而客小。

再说客，金文字形❻，这也是一个会意字，上部是房屋之形，中间是倒着的“止（脚）”，下面是古人穴居的洞口或者居处的屋门，像人从外面迎面而来，进了家门。会意为外人进了家门。小篆字形❼，下面的“各”表声，因此“客”变成了形声字。

《说文解字》：“客，寄也。”段玉裁注解道：“自此托彼曰客，引申之曰宾客。”可见“客”有寄居、寄托的含义，“宾”则没有这种含义，比如寄居他乡又回归故乡的人称作“归客”，而不能称作“归宾”。但是“宾，所敬也”这一层含义却又是“客”所没有的，因此可以这样说：“宾”指尊贵的客人，而“客”通常指一般的客人。既为尊贵的客人，那么邀请、接待“宾”的礼节一定不能缺乏，一定要隆重地提前通知并接待，所以“宾”不存在突发奇想贸然上门的情况;而“客”就不一样了，比如没有得到召唤或邀请的客人称作“不速之客”，强盗或盗贼称作“暴客”。

害

若将除害马，慎勿信苍蝇（高适）

汉字身世小档案

- “害”是一个会意字，指在家里乱说话，会因此招致危害。
- “害”还可以引申为招致某种后果之意，如“害羞”“害喜”等。
- “害群之马”中的“害马”，原先指的并不是危害马群的劣马，而是指会危害马的天性的事情。

“害”是伤害、损害的意思，为什么会具备这样的意思呢？

害，金文字形❶，这是一个会意字：上为覆盖的屋顶；中间是“丯（jiè）”，本为刀刻的纹饰，由刀刻引申为割伤，或者由纹饰的连绵衔接引申为相续不绝；最下面是“口”。《说文解字》：“害，伤也。从宀从口。宀、口，言从家起也。丯声。”按照许慎的说法，“害”字是这样会意的：“言从家起”，在家里说话比较随便，因此乱说话常常成为危害的根源。许慎认为“丯”表声，但是“丯”也兼表意，表示因口角而互相伤害，或者相续不绝、毫无顾忌地乱说话。段玉裁解释道：“言为乱阶，而言每起于衽席。”徐锴解释道：“祸尝起于家，生于忽微，故害从宀。”都是同样的意思，也就是人们常说的俗语“祸从口出”。

害，金文字形❷，大同小异。金文字形❸，右边添加了一个面朝左的人，更突出了家里人在乱说话的含义。小篆字形❹，与金文相似。

“害”的本义可引申为妨碍的意思。相传有一个叫陈相的人，见到孟子，问道：“许子奚为不自织？”意思是有一个叫许子的人为什么不自己织布呢？孟子回答道：“害于耕。”因为他怕会妨碍农活儿。许子以耕作为业，如果再去织布当然会妨碍农活儿，因此孟子才这么回答，意思是许子可以用耕作的产出来换取布匹。“害”还可以引申为招致某种后果之义，这种用法最有趣的词是害羞、害喜，害羞即招致羞意，害喜即招致怀孕的种种不良反应。

有个成语叫“害群之马”，也可以简称为“害马”，比如唐代诗人高适有“若将除害马，慎勿信苍蝇”的诗句。这是一个被误解了两千多年的成语。成语词典对“害群之马”的解释是：“危害马群的劣马。”听起来很符合这个成语的字面意思，可是仔细一琢磨，问题就出来了：什么样的马是危害马群的劣马？劣马为什么会危害马群？如果在牧区生活过，经过观察就会发现，只有劣马，而没有能够危害马群的劣马。

原来，这个成语的原始含义跟现在的意思并不一样。

这个成语出自《庄子·徐无鬼》。黄帝带着六位圣人到具茨山去拜见一位叫大隗（wěi）的神仙，在半道上迷了路，刚好遇见一个牧马的童子，于是黄帝问他：“小朋友，你知道具茨山吗？”童子回答道：“知道啊。”黄帝又问道：“那你知道大隗住在哪里吗？”童子回答道：“知道啊。”

黄帝一听这小孩见多识广，感叹道：“你真是个神童啊！不光知道具茨山，还知道大隗住在哪里。请问你知道怎么治理天下吗？”

童子回答道：“我小时候得了眼病，看不清楚东西，有位长者建议我乘坐着太阳车来到这片旷野牧马。这里的气候对我的眼病有好处，如今已经有了好转，我马上就要离开了。至于您说的治理天下的方法，我既不懂，也不愿费心去考虑。”

黄帝坚决要向童子请教，童子看糊弄不过去了，就回答道：“夫为天下者，亦奚以异乎牧马者哉！亦去其害马者而已矣。”郭象解释说：“马以过分为害。”成玄英解释说：“害马者，谓分外之事也。”这位童子的意思是说：治理天下，跟牧马是一个道理。马要牧得好，就要除去一切危害马的天性的事情，顺其自然。治理天下也是这样，天下若想治理得好，也无非顺其自然罢了。

黄帝听了这番话，连忙行大礼，口称“天师”而去。

到了后来，“害马”居然演变成了“害群之马”，用来比喻危害集体的人了，真是对马的诬赖！

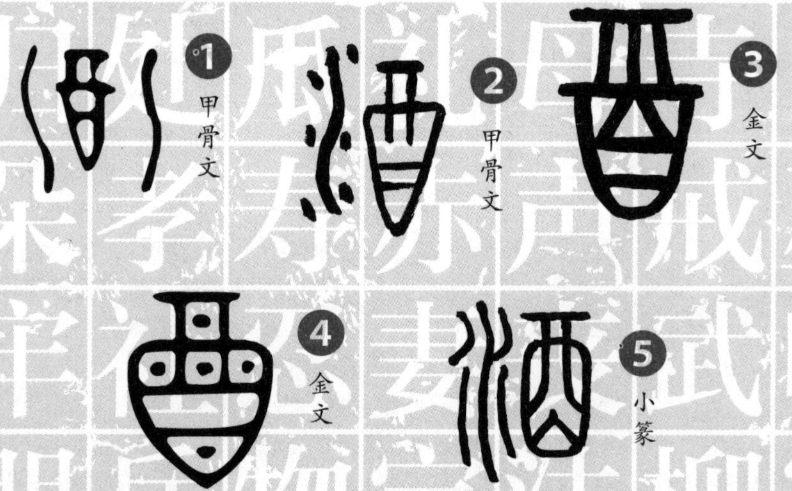

①甲骨文 ②甲骨文 ③金文 ④金文 ⑤小篆

酒

风吹柳花满店香，吴姬压酒劝客尝（李白）

汉字身世小档案

- 甲骨文中就已经有了大量的“酒”字，都是右边一樽酒器，左边是点点洒出的酒滴。
- 古代常常因为粮食不足而禁酒，人们怕犯忌讳，就替不同的酒取了许多别称，比如“圣人”“贤人”“青州从事”“平原都邮”等。

“酒”这个字的起源很早，所以甲骨文中出现了大量的“酒”字，造型不一，但大同小异。

酒，甲骨文字形❶，这是一个会意字，中间是一个酒坛子，左右两边是水形，表示用水酿酒。甲骨文字形❷，右边是酒坛子，左边是点点洒出的酒滴或者酿酒所用的水。金文字形❸，水移到了酒坛子的下部。金文字形❹，酒坛子里面的水形更形象。小篆字形❺，结构又回复到甲骨文的字形。

《说文解字》：“酒，就也，所以就人性之善恶。从水从酉，酉亦声。一曰造也，吉凶所造也。古者仪狄作酒醪，禹尝之而美，遂疏仪狄。杜康作秫酒。”许慎所说，乃是因为酒的危害所生发出来的劝诫含义，并非“酒”的本义。

我国古代关于酒的制度早在周代时就已经完备，周代专门设有酒正和酒人的官职，酒正是酒官之长，酒人的职责是：“酒人掌为五齐三酒。”举行祭祀等事务时负责给宾客供酒等相关事宜。此处提到的“五齐三酒”是关于酒的详细分类，“五齐”分别是：“泛齐”，酒色最浊，上面有浮沫，故称“泛齐”；“醴齐”，甜酒；“盎齐”，白色的酒；“缇齐”，丹黄色的酒；“沈齐”，酒糟和渣滓下沉的酒。“三酒”分别是：“事酒”，有事时才酿制的，时间较短；“昔酒”，久酿的酒，冬酿春熟；“清酒”，酿制时间最长的酒，冬酿夏熟。

“五齐”就是所谓的“浊酒”，是相对“清酒”而言的。“清酒”是质量最好的酒，专用于祭祀的场合，“浊酒”虽然比不上“清酒”，但也不能说就是劣质酒，只不过相对“清酒”而言色泽稍微混浊而已。

与今天的蒸馏酒不同，三酒五齐都是发酵后直接饮用的酒，度数当然也就没有今天的白酒高。蒸馏酒的技法是从元朝才开始出现的。“浊酒”因为是现酿，不易保存，必须酿好就喝，所以李白的诗中说“风吹柳花满店香，吴姬压酒劝客尝”，压酒即把刚刚酿好的酒的酒汁和酒糟分开。

酿酒需要耗费大量的粮食，因此历朝历代都有为时或长或短的禁酒令，人们也就忌讳说“酒”这个字，于是出现了许多有趣的称呼：称清酒为圣人，浊酒为贤人。还称清酒为“青州从事”，青州有齐郡，“齐”和“脐”同音，意思是清酒的酒气可以一直到达肚脐；称浊酒为“平原督邮”，平原有鬲县，“鬲”和“膈”同音，意思是浊酒的酒气只能到达隔膜以上。

有一年蜀国大旱，粮食不敷应用，于是刘备颁布了禁酒令，不准把宝贵的粮食拿来酿酒，派官吏深入家家户户搜查，发现酿酒的器具统统予以没收，并施以重刑，弄得怨声载道。有一天，简雍陪同刘备出门，路上看到一对青年男女一起走路，简雍目不转睛地盯着他俩，故作紧张地拉着刘备的袖子说：“快快快！快派人把这个男的抓起来！他想要去行淫秽之事！”刘备一听大为惊奇，问道：“你怎么知道他要去行淫？”简雍回答道：“他明明长着男性生殖器啊！就跟那些私藏酿酒器具的人一样啊！”刘备听了哈哈大笑，回去后就让人赦免了那些私藏酿酒器具但是并没有酿酒的人员。

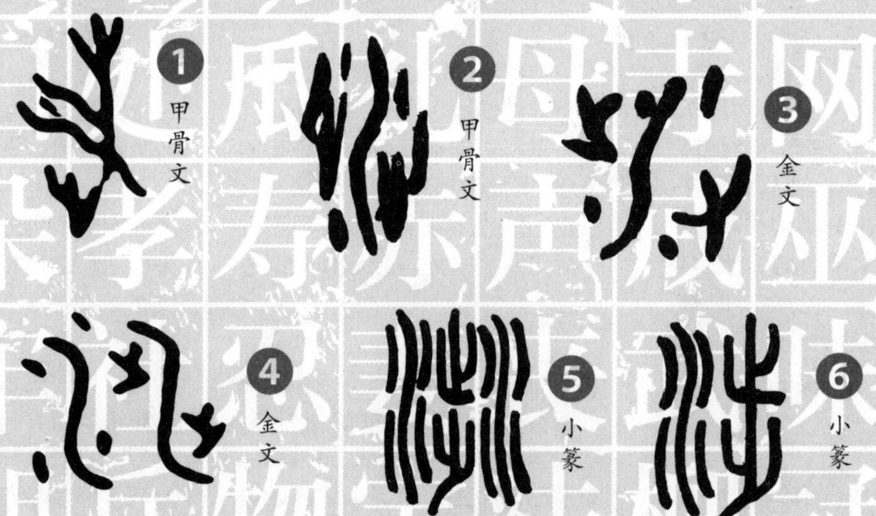

涉

涉猎阅旧闻，暂使心魂澄（司马光）

汉字身世小档案

- “涉”在甲骨文中是一个会意字，中间是河流，左右是两只脚，会意为渡水而过。
- “涉”还引申出阅览的意思，是浮浅阅读，不深入阅读的意思。
- “涉猎”，就好像涉水而过，不知道水下的情况；或山中打猎，只盯着猎物而没有注意其他细节，因此有不能专精的意味。

涉，甲骨文字形❶，这是一个会意字，字形不仅形象而且非常美丽：中间是河流，上下是两只脚。甲骨文字形❷，中间是河流，左右是两只脚，甚至还能很明显地看出来脚趾头朝上，一前一后趟水而过。金文字形❸，接近甲骨文。金文字形❹，渡完了右边的河流，左边还有一条河流在等着呢！小篆字形❺，字形规范化，两边的河流夹着中间的两只脚。小篆字形❻，省去一条河流，右边简化成了“步”，还是上下两只脚。

《说文解字》：“涉，徒行厉水也。”《尔雅·释水》：“由膝以上为涉。”因此“涉”的本义是不借助舟船等物徒步趟水过河。“跋”是翻山越岭，跟“涉”组词为“跋涉”，就是跋山涉水的意思。由“涉”的本义引申出经历、进入等义项。这里重点讲解一下“涉”的远引申义——阅览。当作“阅览”讲的时候，常常组词“涉猎”，指读书治学或者学习其他技能时只作浮浅的阅览或者探索，不求深入研究掌握，也用来形容阅读面广博，比如司马光的诗：“涉猎阅旧闻，暂使心魂澄。”

“涉”为什么能够和“猎”组成一个词呢？

“涉猎”一词汉代时就已经使用了。贾山是汉文帝时期的大臣，是一名谏官，曾经写了一篇《至言》，以秦代亡国的教训为喻，向汉文帝进谏治乱之道。不过《汉书》对他的评价却是：“所言涉猎书记，不能为醇儒。”“醇儒”指那些学识精粹纯正的儒者。

颜师古注解“涉猎”一词为：“涉若涉水，猎若猎兽，言历览之不专精也。”揣摩颜师古的意思，无非是说涉水仅仅从水中经过而已，不可能详细深入了解水面下的情况；打猎的时候，眼睛也只不过盯着猎捕的对象，也不可能详细深入了解山林中的情况。因此说“历览之不专精”，游历观览仅止于浮皮潦草，不能专精。

唐人张泌所著《妆楼记》一书记载：“徐州张尚书妓女多涉猎，人有借其书者，往往粉指痕并印于青编。”张建封是唐德宗时期的尚书，他家里的家妓都很有学问，喜欢看书，把张建封的藏书全都“涉猎”一遍，以至于别人借走张建封的书，经常会发现上面有粉指沾染的痕迹。“青编”是“青丝简编”的略语，用青丝串连起来的竹简书，泛指书籍。唐代的妓女真是风雅，千载之下思之，犹令人向往不已。

吕蒙年轻的时候不爱读书，当上吴国的将军后，有一次孙权对他说：“如今你已经管事了，要多读读书。”吕蒙以军务繁忙推脱，孙权正色说道：“孤岂欲卿治经为博士邪！但当涉猎，见往事耳。卿言多务，孰若孤！孤常读书，自以为大有所益。”吕蒙听从了孙权的劝告，开始苦读，日积月累，读过的书甚至超过了那些宿儒。多年之后，鲁肃再一次见到吕蒙，交谈之后，大吃一惊，亲切地拍着他的背说：“卿今者才略，非复吴下阿蒙！”吕蒙回应道：“士别三日，即更刮目相待。”二人从此结为好友。从这个关于“涉猎”的故事中还诞生了两个成语：吴下阿蒙，刮目相看。

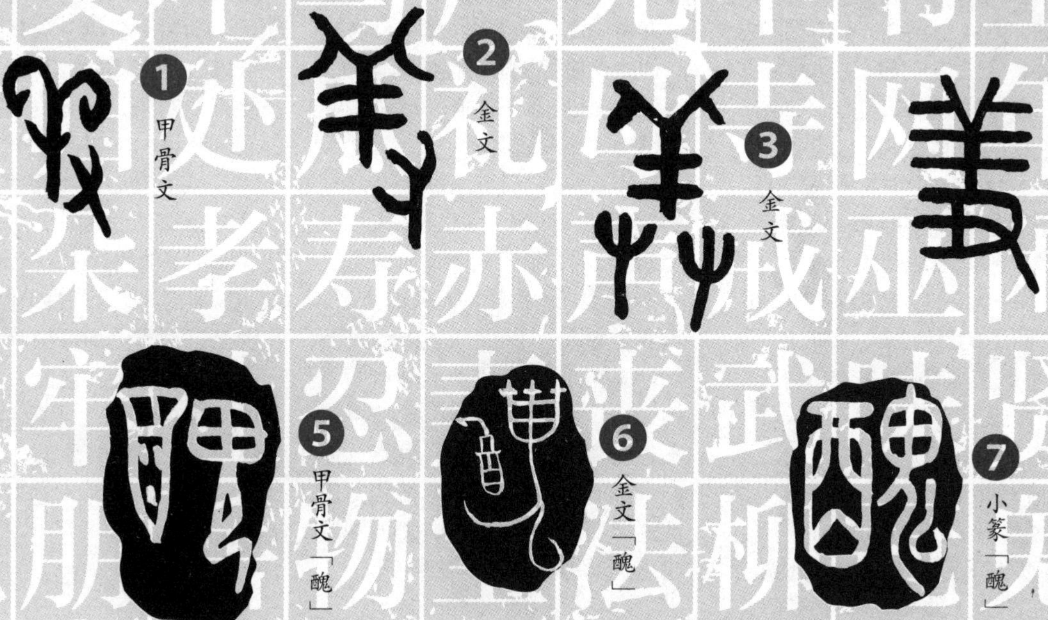

羞

十四为君妇，羞颜未尝开（李白）

汉字身世小档案

- “羞”是一个会意字，像用手拿着一颗羊头，表示进献的意思。
- 古人给“羞”这个字添加了一个“食”字旁，造了一个“馐”字，继承了“羞”的本义来专指美味的食物。
- “羞”的古音与“丑”相近，于是假借为“丑”使用，由此引申出羞耻、害羞之意。

“羞”这个字今天的意思是羞耻、害羞，但是最初造出来的时候却不是这个意思。

羞，甲骨文字形❶，这是一个会意字，上面是一只羊，下面是一只手。金文字形❷，结构同于甲骨文。金文字形❸，在羊的下面又添加了一只手，变成两只手。以手持羊，表示进献的意思。小篆字形❹，下面的手讹变为“丑”，变成了一个形声字。

《说文解字》：“羞，进献也。从羊，羊，所进也；从丑，丑亦声。”引申为凡是进献，不管进献的是什么，都叫“羞”。“羞”有个同义字叫“荐”，也是进献的意思，二者的区别在《左传》的一句话中显示得非常清楚：“可荐于鬼神，可羞于王公。”郑玄注解道：“荐亦进也，备品物曰荐，致滋味乃为羞。”此注尚不清晰，他接着又注解道：“荐羞皆进也，未食未饮曰荐，既食既饮曰羞。”准备好品物叫“荐”，吃了这些食物，尝到了滋味叫“羞”，这就是“既食既饮曰羞”的含义。鬼神无法真的吃下祭品，故称“可荐于鬼神”；而王公可以真的尝到美味，故称“可羞于王公”。因此“荐羞”一词即指美味的食物。

由“羞”的本义，进而引申到人身上，用作推荐、进用的意思，比如《国语·晋语》：“有武德以羞为正卿。”有武德的人推荐担任正卿的官职。

在漫长的演变过程中，古人给“羞”这个字添加了一个“食”字旁，造了一个“馐”字，继承“羞”的本义来专指美味的食物，比如“珍馐”。而“羞”这个字，因为古音与“丑”相近，于是将“羞”假借为“丑”来使用，这就是《说文解字》说“从丑，丑亦声”的原因，由此而引申出羞耻、害羞等义项。《史记·廉颇蔺相如列传》：“吾羞，不忍为之下。”这是羞耻的意思。李白《长干行》：“十四为君妇，羞颜未尝开。”这是害羞的意思。

需要辨析的是，古时“羞”假借为“丑”字，除了作地支和时辰用之外，任何时候都不能写作“丑”。形容貌丑，只能用“醜”。

醜，甲骨文字形❺，这是一个会意字，左边是一只酒坛子，右边是一个鬼，看来鬼也喜欢喝酒。古人以为鬼的样子最丑，因此用一个想喝酒的鬼来会意面貌丑陋。金文字形❻，酒坛子上面添加了一只手，被鬼拿到了手里，准备痛饮一番。鬼头上添加了极其夸张的三束头发，以示此鬼之丑。小篆字形❼，结构同于甲骨文。

《说文解字》：“醜，可恶也。”因为“醜”这个字笔画太烦琐，古人很早就开始用“丑”字来替代，并不是实行简化字后才开始这么用的。明代杂剧家徐渭在《南词叙录》中就说：“丑，以墨粉涂面，其形甚醜。今省文作‘丑’。”从此之后，对鬼诬蔑的“醜”字就被“丑”所取代，用来形容人的样子丑陋，鬼的重担终于卸下了。

祥

察见渊鱼者不祥，智料隐匿者有殃（《列子》）

汉字身世小档案

- “祥”是一个会意字，像一个放在祭台上用于祭祀的羊头，会意为用羊作祭品来祭祀。
- 古时候，不管是吉兆还是凶兆，都称作“祥”。
- 《仪礼》中有大祥、小祥的规定，是父母死后不同时期举行的祭礼。

“祥”这个字今天统统当作吉祥、祥瑞、安详的意思，但是在古代却大有不同。

祥，金文字形❶，这是一个会意兼形声的字，像放在祭台上的一只羊头，会意为用羊作祭品来祭祀。金文字形❷，祭台移到了左边。小篆字形❸，变成了一个“从示羊声”的形声字。

《说文解字》：“祥，福也，从示羊声。一云善。”羊是和善驯良的家畜，也是用于祭祀的家畜。和善驯良容易招致福祥，因此用羊来表意兼表声。

古时候“祥”字的用法跟今天有所区别，那就是不管是吉兆还是凶兆都称作“祥”。比如“无道曰祥”，这是凶兆；“吉事有祥”，这是吉兆。据《史记·殷本纪》记载，殷帝太戊时，亳这个地方有“祥桑谷”共生，就是桑树和谷子竟然长在了一起！太戊非常恐惧，问大臣伊陟是怎么回事，伊陟回答道：“我听说妖孽胜不过德行，可能是君王您的施政措施有缺失，请您修德。”太戊听从了伊陟的劝谏，“祥桑枯死而去”。这里的“祥”就是妖怪的意思，祥桑就是妖桑，祥谷就是妖谷。

《庄子》中也有“祥”表示凶兆的用法：“步仞之丘陵，巨兽无所隐其躯，而孽狐为之祥。”意思是：低矮的山丘，巨兽无法隐藏身躯，可是妖狐却能栖身为怪。《列子·说符》中记录了周代的一则谚语，叫“察见渊鱼者不祥，智料隐匿者有殃”，意思是察见深渊里的鱼，这是不祥之兆；料知隐匿的人就会有灾殃。比喻太过明察秋毫，知道了别人的隐私，此之谓不祥。

记载周代各种礼仪的《仪礼》一书中有大祥、小祥的规定，这是父母丧后的祭礼。小祥是葬完父母之后一周年的服丧期中一次较大的祭礼，祭祀之后可以稍微改善一下生活，并解除丧服的一部分。《礼记·间传》中规定：“父母之丧，既虞卒哭，疏食水饮，不食菜果；期而小祥，食菜果；又期而大祥，有醯酱。”小祥的祭礼之后，可以吃菜果，也可以住在没有涂饰的房子里，睡觉时可以铺普通的席子。大祥是葬完父母之后两周年的服丧期中又一次较大的祭礼，大祥的祭礼之后，可以像父母去世之前那样正常睡觉，也可以饮酒吃肉。“醢（hǎi）酱”就是肉酱。

据《礼记·檀弓上》记载：孔子的学生颜渊去世之后，颜渊的家人在丧期满十三个月时举行小祥的祭礼，给孔子送去了祭礼所用的肉，这种肉称作祥肉。因为颜渊只是孔子的学生，所以“孔子出受之，入，弹琴而后食之”。弹琴是为了发散对颜渊的哀思。

汉武帝驾崩后留下遗诏，要求减免服丧的期限，因此汉魏以后的皇室之丧就以日易月，一天代表一个月，如此一来，人死后十二天就举行小祥祭，二十四或二十五天就举行大祥祭。这样的制度一直延续到清代。

① 甲骨文 ② 甲骨文 ③ 甲骨文 ④ 小篆 ⑤ 小篆

梦

昔者庄周梦为胡蝶，栩栩然胡蝶也（《庄子》）

汉字身世小档案

- “梦”在甲骨文中是一个会意字，像一个人躺在床上，手抚着额头在做梦的样子。
- 古人对梦中所见的事与形非常重视，周代还专门设置了一个官职为“占梦”。
- 周代用“六梦”来判断吉凶，分别是：正梦、噩梦、思梦、寤梦、喜梦、惧梦。

《庄子·齐物论》:“昔者庄周梦为胡蝶，栩栩然胡蝶也。”“梦”这个字很早就被造出来了，而且在甲骨文中出现的频率出人意料得多，殷商的王和王子们频频将做过的梦以及占梦的结果刻在龟甲上传之后世。

梦，甲骨文字形❶，这是一个会意字，会意为人躺在床上睡觉，眼皮在不停地跳动。甲骨文字形❷，右边是一张床，左下是一个人，伸出手去，抚着额头在做梦，长长的眉毛非常突出。也有学者认为左上表示眼睛里面有眵目糊，用来会意做梦。甲骨文字形❸，大同小异。李孝定先生则认为“梦”的甲骨文字形像一个人躺卧而手舞足蹈的梦魇之状。小篆字形❹，完全脱离了甲骨文的造字思维，上面的“目”里边的瞳仁是斜着的，表示迷迷糊糊，中间是屋子，下面是一个“夕”，表示是夜晚做梦。小篆字形❺，又添加了屋顶，表示在屋子里面做梦。简化后的字体，除了下面的“夕”之外，完全看不出造字的原意了。

《说文解字》:“梦，不明也。”做梦时脑子不清楚。《正字通》:“梦，寐中所见事与形也。”古人对梦中所见的这些事与形非常重视，《汉书·艺文志》评论各种占卜之事时说：“杂占者，纪百事之象，候善恶之征。《易》曰:‘占事知来。’众占非一，而梦为大，故周有其官。”各种占卜之事中，占梦是最重要的，因此周代专门设置了“占梦”这一官职：“占梦，中士二人，史二人，徒四人。”一共八人，他们的具体职责是：“占梦掌其岁时，观天地之会，辨阴阳之气。以日、月、星、辰占六梦之吉凶。一曰正梦，二曰恶梦，三曰思梦，四曰寤梦，五曰喜梦，六曰惧梦。”周代总结的这六种梦，其实早在殷商就已将梦分为吉梦和凶梦两种。正梦是无所思虑，平安自梦；恶梦是惊愕而梦；思梦是醒着的时候有所思念而梦；寤梦是醒着的时候有所见而成之梦，跟无所见而全凭想象的梦有别；喜梦是喜悦而梦；惧梦是恐惧而梦。

周代还有三梦之法，是由大卜这一官职负责的：“掌三梦之法，一曰致梦，二曰觭梦，三曰咸陟。”三梦之法说法不一，大致而言，致梦是指人的精神往来常与阴阳流通，祸福吉凶通于天地，因此有所使而来，不是从自身生发的就叫作致梦；觭（jī）通奇，怪异之梦；咸的意思是都，陟（zhì）的意思是升高，咸陟意为无心所感，精神自然而然地升降所做的梦。不过周代这种占梦的“三梦之法”至迟到南宋已经成为绝学，没有人会使用了。

东汉学者王符在《潜夫论》中专门辟有一章《梦列》，是古代保存较为完好的梦书，其中更是将梦分为十种：直梦、象梦、精梦、想梦、人梦、感梦、时梦、反梦、病梦、情梦。并提出具体的方法：“占梦必谨其变故，审其征候，内考情意，外考王相，则吉凶之符，善恶之效，庶可见也。”可惜占梦这一绝学早已失传，现如今所谓的占梦者无非假借古人的唾余沽名钓誉，敛财罢了。

1 金文

2 金文

3 小篆

堂

萱草生堂阶，游子行天涯（聂夷中）

汉字身世小档案

- “堂”的本义就是指建在土地上的很高的房屋。
- 由“堂”的本义引申出盛大或容貌壮伟的样子，如相貌堂堂、堂皇等。
- 古人的建筑物内部分为三个部分：堂、室、房。最前面是堂，主要功能是祭献神灵；堂的后面是室，是住人的地方；室的两侧则称为房。

“堂”这个字牵涉到我国古代非常有趣的建筑格局。

堂，金文字形❶，这个字形出自河北平山中山王陵战国时期的中山王墓宫堂图，是一个会意字，上面是“尚”的省写，下面是“土”。关于“尚”字，左民安先生认为中间是屋墙，下面是屋墙上开的窗户，最上面的两横是烟气上腾的样子，因此“尚”会意为烟气从窗户上升腾而起，引申为“高出”的意思。不过也有学者认为“尚”字像酒器，表示举杯致敬之意，引申为崇尚。还有人认为下面像有窗的房屋，上面像分开之形，意为分成两面的尖斜屋顶，引申为高大。综合各家看法，“堂”的这个字形会意为土台上所建的高大建筑。

堂，金文字形❷，这是《说文解字》中收录的籀文写法，很明显也是一个会意字，最下面是一堆土，土堆上面是“尚”的省写，最上面是楼台重叠的形状，会意为建在土地上的很高的房屋。小篆字形❸，变成了一个“从土尚声”的形声字。

《说文解字》：“堂，殿也。”针对这个解释，段玉裁批评道：“许以殿释堂者，以今释古也。古曰堂，汉以后曰殿。古上下皆称堂，汉上下皆称殿，至唐以后，人臣无有称殿者矣。”意思很明白。简单来说，“堂”要高于一般房屋，“堂形四方而高”，因此可以引申为盛大或者容貌壮伟的样子，比如堂堂大国、相貌堂堂、堂皇，等等。

古人的建筑物内部分为三个部分：堂、室、房。最前面是堂，主要功能是祭献神灵，祈求丰年，不能住人。堂的后面是室，是住人的地方，《释名》：“室，实也，人物实满其中也。”室的两侧是房，就是我们常说的东厢房、西厢房。整栋建筑必须建在一个高出地面的台基之上，所以必定要有台阶。要进入“堂”必定要“升阶”，一级一级台阶登上去，所以只能“登堂”才能“入室”，所以有“升堂”之称。孔子曾经评价子路（名叫仲由）说：“由也升堂矣，未入于室也。”这是形容子路的学问虽然登上了正堂，但是还没有进入堂后面的内室。

在“堂”里祭祀祖先的时候，要在西南角举行仪式，这是因为古人的房子面南背北，阳光从南边的窗户射进来，室内背光处为西南角和东南角。西南角这个方位最为尊贵，有一个专用的称呼叫“奥”，是黑暗、幽深的意思，因此有“一窥堂奥”一词。“堂奥”即指堂的深处，也比喻深奥的义理，深远的意境。

“堂”高大轩敞，又是祭祀的重要之地，因此古人就把父母尊称为“高堂”。“堂”后来引申泛指房屋的正厅。传统上，一家的主妇，也就是母亲要住在东房的北部，房、室相连而没有北边的墙壁，因此用“北堂”来指代母亲的住处，后来也用来称呼母亲了。萱草是一种草本植物，据说可以使人忘忧，游子出门远行的时候，常常要在母亲居住的北堂的台阶下种上几株萱草，以免母亲惦念游子，同时让母亲忘记忧愁，因此就将母亲的居处称为“萱堂”。唐代诗人聂夷中有诗：“萱草生堂阶，游子行天涯。慈亲倚堂门，不见萱草花。”“令堂”更是对对方母亲的尊称。

古人很注重家庭观念，常常是数代人住在一起，在同一个“堂”祭祀，因此叫数世同堂，同一个祖父而不同父亲的兄弟姊妹因此称堂兄弟、堂姊妹。

祭

① 甲骨文

② 甲骨文

③ 金文

④ 小篆

⑤ 甲骨文「祀」

⑥ 金文「祀」

⑦ 小篆「祀」

武侯祠屋常邻近，一体君臣祭祀同（杜甫）

汉字身世小档案

- “祭”是一个会意字，像手拿着一块滴着鲜血的肉，会意为以手持肉祭祀神灵。
- “祀”是一个会意兼形声的字，像一个人跪在祭台旁，会意为在祭台前祈祷。
- 在古代，“祀”是祭祀天神，而“祭”是祭祀地神，不可连用。

杜甫咏刘备和诸葛亮，有诗曰："武侯祠屋常邻近，一体君臣祭祀同。"祭祀是古人的日常生活中非常重要的礼节，因此这两个字也就出现得非常早。

祭，甲骨文字形❶，这是一个会意字，右边是一只手，左边是一块肉，几个点是鲜肉滴下的血迹，会意为以手持肉祭祀神灵。甲骨文字形❷，大同小异。金文字形❸，右上边的手和左上边的肉更加形象，下部又添加了一个"示"字，"示"是祭台，以手持肉供在祭台上，则祭祀的意思更加显豁。小篆字形❹，结构同于金文。

《说文解字》："祭，祀也，从示，以手持肉。"《礼记》中有《祭法》《祭义》《祭统》诸篇，详细规定了祭礼的要义和方法。《祭统》开宗明义就说："礼有五经，莫重于祭。夫祭者，非物自外至者也，自中出生于心也，心怵而奉之以礼。是故，唯贤者能尽祭之义。"意思是：不是外物迫使人来祭祀，而是出于人的内心。《春秋谷梁传·成公十七年》讲解得更加清楚："祭者，荐其时也，荐其敬也，荐其美也，非享味也。"意思是说：祭祀的目的不在于真的让神灵和祖先享受美味，当然他们也享受不了美味；祭祀的目的在于将时新的农作物收获，将自己的爱敬之心，将美味的食物进献给神灵和祖先。这段话中出现了一个"荐"字，"无牲而祭曰荐，荐而加牲曰祭"。"牲"就是供祭祀用的全牛，没有使用全牛的祭祀叫"荐"，使用全牛的祭祀叫"祭"，这就是"祭"的字符中含有"肉"的来历，因此"祭"就泛指有酒肉的祭祀，又叫牲祭。

从字形上看，"祭"的含义很明确，但"祀"就没有这么单纯了。

祀，甲骨文字形❺，这是一个会意兼形声的字，左边是祭台，右边是人形。左民安先生解释说："右边是跪着的一个人，表示人跪在灵石前祈祷。"他同时对许慎《说文解字》中的解释提出了质疑。《说文解字》："祀，祭无巳也。从示，巳声。"左民安先生认为右边的"巳"本为人形，那么"巳"就不单单表声，还兼表意。清代文字学家朱骏声认为"巳，像子在包中形"，那么"巳"字的本义就是在胎包中成长的小儿。如此一来，"祀"这个字还可以这样解释：在祭台前为成长的小儿祈祷。徐中舒先生则解释为：祭祀时象征神主的小儿。金文字形❻，小篆字形❼，都接近甲骨文，古今没有多大的变化。

"祀"和"祭"的区别说法不一，唐代学者贾公彦注解《周礼》时说："天神称祀，地祇称祭。"这是说"祀"是祭祀天神，而"祭"是祭祀地神。但是古人还有祀土、祀社的习俗，却是祭祀土地神了。也许在漫长的字义演变过程中，"祭"和"祀"的区别越来越不重要，最终组合为一，变成了今天人们经常使用的"祭祀"一词了。

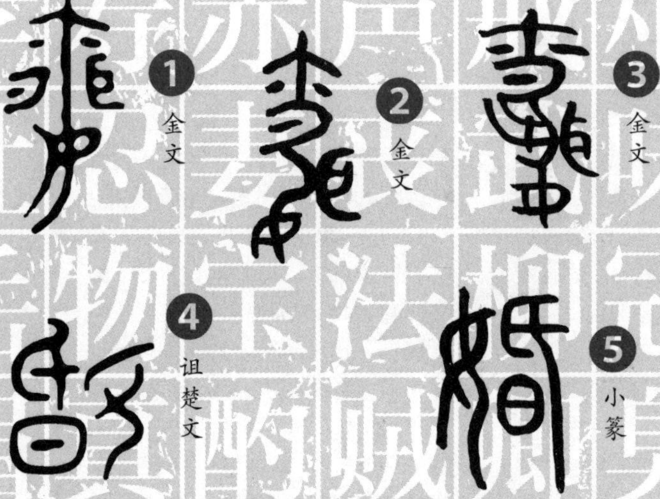

婚

我亦贞苦士，与君新结婚（白居易）

汉字身世小档案

- 古代没有“婚”这个字，而是用“昏”字，因为古代的婚礼是在黄昏时举行。
- 古时候，举行婚礼时，男方家三天三夜不能奏乐，因为儿子娶妻，代表父母已年迈，不能过于欢乐。
- “婚”是指嫁女儿，“姻”则是指娶媳妇，连用而称“婚姻”。

婚、姻连用。先说“婚”，金文字形❶，这是一个非常奇特的字形，各组成部分都代表什么意思，众说纷纭。郭沫若先生认为：“从爵省，象形，像人首为酒所乱而手足无措也。”因此他认为这就是“昏”的本字。白川静先生也持类似的观点，他说：“金文之‘婚’为象形字，形示用爵斟酒，想来此字在形象地表示婚礼中的某种仪式。”还有学者认为这个字形就是“闻”的本字，一个面朝左侧立的人形，戴着伞形的帽子，右边是耳朵，表示倾听、听到之意。“闻”和“婚”上古同音，因此假借为“婚”。金文字形❷，有学者认为最上面像女子出嫁时打着的伞，下面分为三个部分：左边像女子张嘴嚎哭，左下是一只脚，右边的耳朵代表“取”，嫁娶之意。整个字形会意为：女子出嫁，由别人打伞，走到夫家去，因为舍不得离开娘家而嚎哭。金文字形❸，女子形体的左中部添加了一只手，表示牵手之意。

以上诸说中，后两种说法属于望文生义，郭沫若和白川静先生所说最有道理，但如何“从爵省”却语焉不详。以金文字形❸为准，我认为这个字形一共分为六个组成字符：最上面是酒器“爵”的帽形柱；帽形柱的下面是酒器“爵”的器腹和“流”的变形；最下面是一只脚，表示前来参加婚礼之意；脚的上面是一个侧立的人；人的左边是一只手，表示手持“爵”；人的右边是一只大耳朵，表示听闻婚礼的祝愿声。整个字形会意为：前来参加婚礼的人手持“爵”这种酒器，讲完祝福的话后，侧耳倾听众人的应和之声。持“爵”者必为地位较高的贵族，因此才有资格发表祝福的讲话，众人听完也一定要齐声应和。

婚，战国晚期的《诅楚文》字形❹，与金文差别巨大，左为“昏”，右为“女”。小篆字形❺，变成了一个形声字。

《说文解字》：“婚，妇家也。《礼》：娶妇以昏时，妇人阴也，故曰婚。从女从昏，昏亦声。”按照许慎的解说，最初没有“婚”这个字，而是用“昏”来表示“婚”的意思。古时候的婚礼跟今天不一样，今天的婚礼通常要在中午十二点之前举行，古时候的婚礼要在黄昏时分举行，按照阴阳学说，妇女属阴，故以“昏”字指妇家。郑玄说：“昏，士娶妻之礼。以昏为期，因以名焉。必以昏者，阳往而阴来。”这是就小篆字形进行的解释，跟金文完全不符。

再说“姻”。《说文解字》：“姻，婿家也。女之所因，故曰姻。从女从因，因亦声。”这是一个会意兼形声的字。“婚”指妇家，因此妻子的父亲称作“婚”；男家称作“姻”，女人嫁到男家，男家是女子的依靠，“女之所因”，故以“姻”字指男家，男家的父亲称作“姻”。“婚”嫁女儿，“姻”娶媳妇，相连而称“婚姻”。相应地，女方的兄弟称作“婚兄弟”，男方的兄弟称作“姻兄弟”。

《史记·项羽本纪》载：鸿门宴前夜，刘邦为感激项伯通风报信与其“约为婚姻”。“约为婚姻”的意思就是两位长辈“婚”和“姻”相约而为“婚姻”。因此，最早时不能使用“结婚”一词，如果和“结”连用，必须说“结婚姻”才是完整的表达，或者使用“结婚于”的表达方式，指家族之间的联姻，而不像今天仅限于男女当事人双方的行为。大约从唐代开始，以之入诗需要简练，因此缩略为了“结婚”，比如白居易《赠内》：“我亦贞苦士，与君新结婚。”

还有学者解释说，丈夫也可以称妻子为“婚”，妻子也可以称丈夫为“姻”，证据是《诗经》中的两句诗，一句是“宴尔新婚”，一句是“不思旧姻”。“宴尔新婚”出自《谷风》，描写一个弃妇被赶出家门，吟出了“宴尔新婚，如兄如弟”的诗句，意思是欢庆着你的新媳妇，你俩亲密得就像兄弟一样。这里的“婚”即指妻子。“不思旧姻”出自《我行其野》，也是一个弃妇的怨言，意思是不再思念旧时的丈夫，这里的“姻”即指丈夫。联姻的双方父母还可互称“亲家”，“亲”读作 qìng。

族

秦政酷烈，违忤天心，一人有罪，延及三族（《后汉书》）

汉字身世小档案

■“族”是“镞”的古字，甲骨文字形是一个会意字，左边是一杆大旗，旗下有一支明确指向大旗的箭头。

■古时五十支箭为一束，因此引申为聚集之意，从聚集之意又引申出家族的意思。

■“族”的引申义大量使用之后，人们又造出一个“镞”字，来表示“族”的本义。

段玉裁说："今字用镞，古字用族。""族"是"镞"的古字，甲骨文字形❶，这是一个会意字，左边是一杆大旗，旗下有一支明确指向大旗的箭头。箭是冷兵器时代非常重要的武器，用指向大旗的箭头来会意，因此"族"的本义就是箭头。甲骨文字形❷，大旗下面有两支箭。金文字形❸，接近甲骨文。小篆字形❹，把金文字形规范化了。

《说文解字》："族，矢锋也。束之族族也。"矢锋就是箭头，古时五十支箭为一束，因此引申为聚集之意，从聚集之意又引申出家族的意思。"族"的引申义大量使用之后，人们又造出一个"镞"字来表示"族"的本义，即箭头。不过也有学者认为古代同一家族或氏族即为一个战斗单位，因此用氏族旗和箭矢会意为家族或氏族之"族"，并非"镞"的本字。

《周礼》中规定："五家为比，使之相保；五比为闾，使之相受；四闾为族，使之相葬；五族为党，使之相救；五党为州，使之相赒（zhōu，接济）；五州为乡，使之相宾。"那么"闾（lǘ）"就是二十五家，"族"就是一百家。这是基层乡村的行政制度，跟血缘无关。

"族"引申为家族之意后，有三族、九族之别。三族说法不一，共有三种说法：一是指父、子、孙；二是指父族、母族、妻族；三是指父母、兄弟、妻子。秦代起，始有犯重罪灭三族之刑。《史记·秦本纪》："（文公）二十年，法初有三族之罪。"《后汉书·杨终传》也指控说："秦政酷烈，违忤天心，一人有罪，延及三族。"

三族已经是株连的酷刑，到了诛九族就更加恐怖了。九族的说法也不一，一说是指以自己为本位，上推至四世之高祖，下推至四世之玄孙为九族。另一说是指父族四、母族三、妻族二为九族。所谓"父族四"，指的是当事人自己一族，外加出嫁的姑母及其儿子、出嫁的姐妹及外甥、出嫁的女儿及外孙。所谓"母族三"，指的是当事人外祖父的全家、外祖母的娘家、姨母及其儿子。所谓"妻族二"，指的是岳父全家和岳母的娘家。诛九族就是将这九族全部诛灭，如此一来就意味着，但凡跟犯重罪的人有一丁点儿血缘关系的家族成员统统被杀。

诛九族还不过瘾，到了明代，由于朝廷重臣方孝孺拒绝为篡位的燕王朱棣代拟称帝的诏书，方孝孺刚直不屈，只手书了"燕贼篡位"四个大字，被明成祖诛十族，即在方孝孺自家的九族之外，又加上了他的门生和朋友，凑成十族之数。这一事件共诛杀了八百七十三人，发配充军者高达千余人。同样是这个明成祖，篡位登基后，大臣景清身怀利刃意图刺杀朱棣，为故主报仇，被诛九族，并在九族之外将景清家乡的乡亲全部诛杀，整个村子都变成了废墟，时称"瓜蔓抄"，即辗转株连，就如同瓜蔓的蔓延一般，可见明成祖斩草除根的报复心之强烈，已经到了变态的有违人伦的地步，酿成有明一代的最大惨剧。

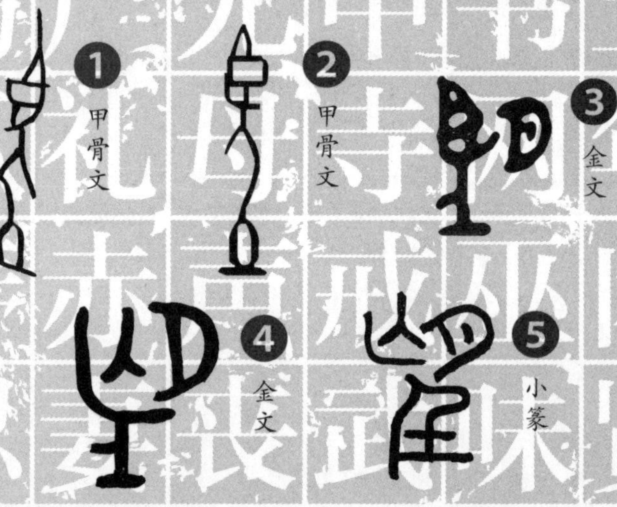

望

望之而不能见也，逐之而不能及也（《庄子》）

汉字身世小档案

- “望”是一个会意字，字形像有着大眼睛的人站在土堆上看着远方。
- 古代的祭礼有一种叫“望祭”，是帝王们祭祀山川、日月、星辰之礼。
- “望”又引申为名望，因为有名望的人自然需要仰望，例如“德高望重”一词。

“望”是个极有意思的汉字，甲骨文字形❶，这是一个会意字，最上面是一只大眼睛，下面是一个人站在土堆上向左远望。甲骨文字形❷，转向右边远望。金文字形❸，右边添加了一个“月”，表示远望的对象。金文字形❹，左上的“臣”变成了“亡”，用以表声。小篆字形❺，下部讹变为“壬”，不过还能够看出来人的形状。至此，“望”变成了一个会意兼形声的字。需要注意的是，下部其实是“壬”字，简化后变成了“王”字。

《说文解字》：“望，出亡在外，望其还也。”盼望出亡在外的人还家，当然要翘首远望，因此《玉篇》直接解释为：“望，远视也。”庄子有一句话最能体现“望”字的本义：“望之而不能见也，逐之而不能及也。”望而不能见，当然离得很远，因此“望”的本义是远望。古代的祭礼有一种叫望祭，是帝王们祭祀山川、日月、星辰之礼。山川、日月、星辰都是可望而不可即的，因此帝王们要遥遥而祭，故称望祭，这也是“望”字的本义。有一个成语“望子成龙”，盼望儿子成为出类拔萃的人物，当然是很多很多年之后的事啦！

另外，农历每年的十五日叫“望日”。古人认为月亮本来没有光，需要太阳照耀才有，而农历十五这一天月亮最圆最亮，日月遥遥相望，故称“望日”。《尔雅·释名》：“望，月满之名也。日在东，月在西，遥在望也。”

有学者认为“望”和“朢”本来是一个字，不过两个字还是有一些细微的区别：“日月之望作朢，瞻望之望作望。”“朢”字专用于日月之望，也就是说，“望日”其实应该写作“朢日”。《说文解字》：“朢，月满与日相朢，以朝君也。”许慎这是望文生义，把月望日跟臣朝君等同了起来。段玉裁感叹道：“今则望专行而朢废矣。”因此“而古文制字之义遂亡”，感叹得极有道理。

“望”既然是远望月亮，当然也是仰望，于是引申为名望，因为有名望的人自然需要仰望。用作这个义项的“望”变成了名词，“望”就当“名”讲，比如“望轻”是指名声低微，“德高望重”当然就是名声响亮。

“望”是远望、仰望，离得太远，因此又引申出虚名的意思。据韩愈在《顺宗实录》中记载，唐顺宗时期，往市场上派了几百名采办人员，只要看中任何摊位上的货物，就以宫中需要的名义白拿。因为这些人在市场上东张西望比较各种物品的优劣，然后白取白拿，故人称“白望”。东晋大臣陈頵（jūn）忧于国事，在给丞相王导的上书中说：“中华所以倾弊，四海所以土崩者，正以取才失所，先白望而后实事。”这是指选拔人才的时候先看重虚名，然后才看具体的办事能力。

“白望”还可以写作“望白”“望空”。干宝《晋纪总论》：“当官者以望空为高，而笑勤恪。”干宝指出晋代的官员都以虚名为高，却看不起那些做实事的人。两晋玄学清谈之风很盛，官员们往往“望白署空”，自己不愿处理政务，交由下属收集资料，以了解情况，并拟出意见写成文书送来，自己不看全文就在预留的空白处签字署名。可想而知，这个署名都是空名、虚名而已。

1 小篆

雅步袅纤腰，巧笑发皓齿（陆云）

汉字身世小档案

- “雅”其实就是“鸦”的本字，后来“雅”字就被借走，用作酒器的名称。
- “雅量”最早的意思是指人的酒量极好，喝多了也不会喝醉的意思。
- “雅”后来从酒量好引申为酒品好，这才引申出风雅、文雅等词，形容美好的气度。

雅

宏大宽容的气度称作“雅量”，《世说新语》中有“雅量”这一篇目，就是记述当时人的这种气度。最能说明这种气度的是嵇康。嵇康被判处死刑，行刑地点是在首都洛阳的东市。临刑前，嵇康抬头目测了一下日影，估计离午时三刻还有一会儿工夫，于是气定神闲地要来琴，为围观的看客们弹奏了一曲，即著名的《广陵散》。一曲弹完，嵇康废琴而叹：“过去袁孝尼请求我传授《广陵散》，我谨守誓言，没有传给他，可惜于今绝矣！”然后从容就死，这就叫“雅量”。

“雅”本来指一种鸟类，这种鸟类就是乌鸦。小篆字形❶，这是一个形声字，左边的“牙”表声，是乌鸦的拟声，右边的“隹”表意。“隹”读作 zhuī，《说文解字》：“隹，鸟之短尾总名也。”“隹”是汉字的一个部首，从“隹”的字大都与禽类有关，比如雁、隼、雀、雉等。

《说文解字》：“雅，楚乌也，秦谓之雅。”可见“雅”就是“鸦”的本字。段玉裁说楚乌并非是楚地的乌鸦，但是许慎明明解释说“秦谓之雅”，秦地将楚乌这种乌鸦叫作“雅”，由此对比，我觉得楚乌就是楚地的乌鸦。后来又造出了一个“鸦”字来指乌鸦，“雅”这个字就被借走，用作酒器的名称。“雅”为什么会借用为酒器呢？这是因为古时的一种酒器“爵”就是仿照“雀”的样子制成的，而“雅”本来就是鸟类，因此可以如此借用。

三国时魏文帝曹丕所著《典论》中记载：“荆州牧刘表，跨有南土，子弟骄贵，并好酒，为三爵，大曰伯雅，次曰仲雅，小曰季雅。伯受七升，仲受六升，季受五升。”刘表好酒，甚至把酒器都按照伯、仲、季的排行进行排列，而且每件酒器盛的酒量也不一样。当然了，不管是七升、六升还是五升，实在都够多的，能喝下这么多酒的人，当然就是“雅量”了。因此，“雅量”最早的意思是指人善饮。

据北宋教育家温革所著《隐窟杂志》载：“宋时阆州有三雅池，古有修此池，得三铜器，状如酒杯，各有篆文曰：伯雅，仲雅，季雅。当时虽以名池，而不知为刘表物也。吴均诗云：‘联倾三雅卮。’刘梦得诗云：‘酒每倾三雅。’”由此亦可知，“雅量”最初是形容的酒量，善饮才能称作“雅量”。古时还有“雅寿”一词，指举杯祝寿。

清人翟灏在《通俗编》中说：“按世称雅量，谓能饮此器中酒，不及醉也。”饮酒而不醉，谓之酒德，因此由“雅”引申出“正”的意思：“正而有美德者谓之雅。”今天经常使用的风雅、文雅、雅人深致等形容人美好气度的词都是由此而来。也有学者说乌鸦为纯黑色，因此“雅”由纯黑引申为纯正、高尚、美好之意。三国诗人陆云有诗：“雅步袅纤腰，巧笑发皓齿。”其中的“雅步”即指从容美好地行走。

1 甲骨文

2 甲骨文

3 金文

4 小篆

5 三体石经

古之葬者，厚衣之以薪，葬之中野（《周易》）

汉字身世小档案

- “葬”字是一个会意字，字形像一个人躺在棺材里，会意为埋葬的意思。
- 上古的葬仪非常简单，只用柴草包裹尸体，葬在原野中即可。
- 在春秋之前的简葬制度，只挖墓穴而不立坟头，墓坏了也不会再修复。

葬

“葬”字的字形演变深刻地反映了我国古代葬仪的变迁。

葬，甲骨文字形❶，这是一个会意字，一个人躺在棺材里面，上面的两束草表示用草掩埋。甲骨文字形❷，左边像是一块死者身下垫的板子，右边据许慎解释是残骨的形状，整个字形会意为埋葬。马如森先生解释道：“像一朽骨于床上，意为死人。”金文字形❸，这个字形出自河北平山中山王陵的战国时期中山王墓宫堂图，与甲骨文字形相比略有变化。小篆字形❹，脱离了甲骨文和金文的造字思维。《说文解字》：“葬，藏也。从死在草中，一其中，所以荐之。”许慎解释小篆字形，上下都是草，中间是“死”字，“死”字的下面是一块垫板，荐是草席，整个字形会意为人死后用草席覆盖起来，藏在草丛里。三国时出土的《三体石经》上还有一种变形❺，字形非常美丽，因此收录于此。

《周易·系辞》：“古之葬者，厚衣之以薪，葬之中野，不封不树，丧期无数。后世圣人易之以棺椁。”由此可见，上古时候的葬礼是多么简单：用柴草厚厚地包裹起尸体，葬到原野之中，既不封土为坟，上面也不植树，服丧也没有规定的期限。《孟子》曾经叙述过上古的葬仪：“盖上世尝有不葬其亲者，其亲死，则举而委之于壑。他日过之，狐狸食之，蝇蚋姑嘬之。”意思是上古曾经有个不安葬父母的人，他的父母死后，就抬走尸体扔进山沟。几天后他经过那个地方，看到狐狸在吃，苍蝇蚊子在叮。孟子是用后世的儒家观念来批评这个人，但也可从中看出上古时期的葬礼之简单。

《礼记》中记载了一则孔子的故事。孔子在“防”这个地方为父母修建了一座合葬墓，修完后说：“我听说古时候墓而不坟，我孔丘乃是东西南北四处漂流之人，不能不作一个标记。”于是修了一个高四尺的坟头。修完后孔子先回了家，跟他一块儿修墓的弟子们回来晚了，孔子问道：“你们怎么回来得这么晚啊？”弟子们回答说：“您走了之后下大雨，墓被雨淋坏了，我们重新将它修好，因此花费了一些时间。”孔子听了这番话，半天没有回应，弟子们说了三遍，孔子才流着眼泪说：“我听说古时候不修墓。”

从这个故事中可以得知，在春秋时期之前，第一“墓而不坟”，只有墓而不立坟头；第二“古不修墓”，墓坏了也不会再修好。这已经是“厚衣之以薪，葬之中野，不封不树，丧期无数”之后的简葬制度了。“后世圣人易之以棺椁”，这种简葬方式后来改成了棺葬，但是仍然只有“墓”而没有“坟”，而且墓坏了也不会去修，任其自然。上古时期没有那么多繁杂的礼节，人们对待死亡的态度很超然，不需要后来的一整套埋葬制度。

不过，孔子感慨的是上古时期的葬仪，事实上周代时已经出现了“坟墓”。周代有大司徒的官职，其职责之一要遵从六种风俗以安定百姓，这六种风俗分别是：“一曰美宫室，二曰族坟墓，三曰联兄弟，四曰联师儒，五曰联朋友，六曰同衣服。”可见这时的民间风俗中已经有了“坟墓”制度。

今天的坟墓越来越趋于豪华，跟古人的教诲早已经背道而驰了。

落

❶ 小篆

自古落成须善颂，扫除东阁望公来（王安石）

汉字身世小档案

- “零”和“落”原来都是下坠的意思，但草的凋谢叫“零”，树木的凋谢叫“落”。
- 古代宫室建成后要举行祭礼，这种祭礼叫作“落”，延伸出今天的“落成”一词。

“落”是个后起的字，小篆字形❶，这是一个形声字。《说文解字》：“落，凡草曰零，木曰落。从草洛声。”“零”和“落”都是坠下来的意思，“零”的本义是“余雨”，也就是细雨，所以草的凋谢叫“零”，取其轻微之意；树木的凋谢叫“落”，比草的凋谢动静要大一些。屈原《离骚》中的名句：“惟草木之零落兮，恐美人之迟暮。”草木零落，就是零、落分指。杜甫有句诗，这种区别显得更加清晰：“岁暮百草零，疾风高冈裂。”草只能称“零”。还有“人闲桂花落”“落英缤纷”等种种表示树木凋谢的诗文，可以验证“零”和“落”的区别。

树木凋谢，枝叶在地上堆成一堆，会阻挡人的行进，因此古人把篱笆称作篱落。柳宗元有诗：“篱落隔烟火，农谈四邻夕。”又由此引申出人聚居的地方，比如村落、屯落、聚落。至于“落”的各种读音：luò，lào，là，都是在漫长的语音演变过程中逐渐添加上去的，有的还是方言读音，比如莲花落的“落”读作 lào。

最有趣的是“落成”一词，今天管建筑工程完工叫“落成”，含义非常简单，再也没有别的意味在内了，可是在古代，这个词的意思要复杂得多。

古代宫室建成后要举行祭礼，这种祭礼就叫作“落”。公元前535年，楚灵王建了一座离宫，取名章华台，十分华美。建成之后，楚灵王带着大臣伍举一起登台，楚灵王洋洋得意地赞美道：“章华台真是太美了！”伍举接过楚灵王的话头，批评他以举国之力建造这么一座台，劳民伤财，用了好几年才建成，没有什么值得炫耀的。楚灵王不听伍举的劝谏，还想把各国的国君都请来参加落成典礼，没想到各国国君都以之为耻，纷纷拒绝了邀请，只有鲁国国君勉强前来。这个故事记载在《左传·昭公七年》里面，原文是：“楚子成章华之台，愿与诸侯落之。”杜预解释道：“宫室始成，祭之为落。”清代学者纪晓岚在《阅微草堂笔记》中也说：“落成之日，盛筵祭神。”

《左传·昭公四年》：“叔孙为孟钟，曰：‘尔未际，飨大夫以落之。’”鲁国大夫叔孙穆子为儿子孟丙造了一口钟，对儿子说：“你还没有正式和人交际，在请大夫们饮宴的时候举行钟的落成典礼。”杜预解释道：“以豭猪血衅钟曰落。”豭（jiā）猪就是公猪，衅（xìn）是指用动物的血来祭祀新制的器物。用公猪的血来祭祀新钟，这个祭礼就叫作“落”。

“落”这种祭礼也称作“考室”，“考”是成的意思，“室”即宫室。颜师古解释道：“凡宫新成，杀牲以衅祭，致其五祀之神，谓之考室。”这和“落”的祭礼仪式完全相同。除了杀牲作祭品之外，还有一项仪式是唱歌颂祷，《诗经》中有一首叫《斯干》的诗，就是周宣王“考室”时所颂祷的歌，既展示了宫室的生动面貌，又表达了对主人的良好祝愿。因此，王安石在诗中写道：“自古落成须善颂，扫除东阁望公来。”就是这一祭礼的形象描述。

今天建筑竣工之后，往往邀请官员或者名流进行剪彩，也是古代举行祭礼的遗意，只不过方式不一样罢了。

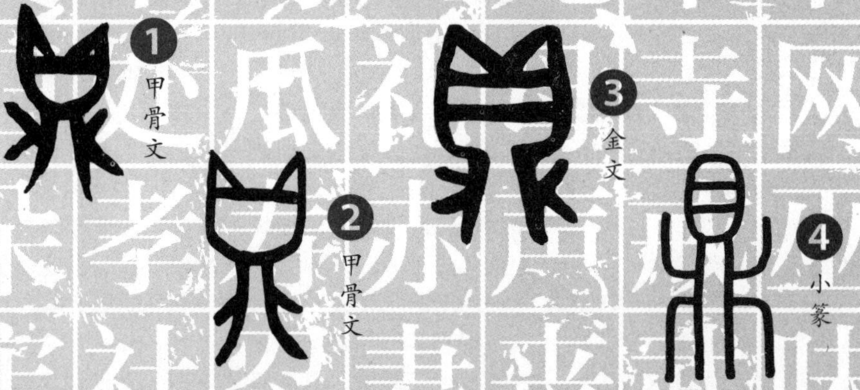

楚子问鼎之大小轻重焉（《左传》）

汉字身世小档案

- “鼎”是一个象形字，有三只脚、两只耳朵，是用来烹煮食物的食器。
- 大禹将天下分为九州，制造了九鼎，一鼎代表一州。从此，九州就成了中国的代称，鼎也从单纯的食器变成了国家政权的象征。
- 九鼎只有天子能够拥有，因此，古人就把图谋夺取国家政权称为“问鼎”。

鼎

《说文解字》:“鼎，三足两耳，和五味之宝器也。昔禹收九牧之金，铸鼎荆山之下，入山林川泽者，螭魅魍魉，莫能逢之，以协承天休。”许慎的这段解释分为两层意思：“鼎，三足两耳，和五味之宝器也”，这层意思是说，鼎起初是烹煮食物的食器，用来调和五味；“昔禹收九牧之金，铸鼎荆山之下，入山林川泽者，螭魅魍魉，莫能逢之，以协承天休”，天休的意思是天赐福佑，这层意思是说，大禹铸鼎，置之山林川泽能够辟邪，魑魅魍魉等妖魔鬼怪见之望风而逃，鼎从单纯的食器变得具有了法力。但是“鼎”为什么会具备这样的法力呢?

大禹时就能够铸鼎，那么甲骨文中一定已经有了这个字。鼎，甲骨文字形❶，这是一个象形字，上面是鼎的两耳，中间是鼎的腹部，下面是鼎的三足。甲骨文字形❷，鼎腹更加突出。金文字形❸，耳、腹、足仍然历历可见。小篆字形❹，字形加以美化，虽然看不出来鼎的形状，但从甲骨文到金文再到小篆一路演化的痕迹来看，大致还可以猜测出鼎的样子，不过下面变成了四足。

禹把天下分成九州，把九州的青铜集中在一起铸造了九只鼎，在鼎上镌刻着全国的名山大川和奇异之物，一鼎代表一州，九鼎集中存放在夏王朝的都城。从此，九州就成为中国的代称，鼎也从单纯的食器变成了国家政权的象征。有个成语叫“一言九鼎”，就是从这里来的，比喻人说话的分量很重，一句话抵得上九鼎的重量，也用来比喻极其信守诺言。

九鼎铸成之后，夏传商，商传周，周代末年，王室衰微，许多强大的诸侯国都觊觎九鼎。有一次楚庄王讨伐陆浑之戎来到洛河的时候，陈兵于周王室境内。周定王派王孙满前来犒劳楚军，“楚子问鼎之大小轻重焉”，有取而代周之意，因此古人就把图谋夺取政权称为“问鼎”。

周王朝灭亡之后，九鼎就神秘地失踪了，虽然有过种种离奇的说法，秦始皇甚至还亲自前往泗水打捞，但九鼎再也没有出现过。

鼎是国之重器，《周礼》规定：天子用九鼎，诸侯用七鼎，大夫用五鼎，士用三鼎或一鼎。这是丝毫不得僭越的。因此贵族之家吃饭时要“列鼎而食”，意思是将允许使用的几个鼎按照大小排列起来，从大到小根据等级制依次而食。这是古代社会等级制的真实写照。

“鼎”的引申义很多，鼎是烹煮食物的食器，因此引申出“鼎沸”一词，用鼎中的沸水来形容动乱的局势。鼎为三足，故有“三足鼎立”这一成语。鼎为国家重器，因此引申为显贵，比如鼎臣、鼎族、大名鼎鼎。鼎代表国家政权，因此政权的易手被称作“鼎革”，革是革旧，鼎是鼎新，代表着新政权的建立。

鹦鹉能言，不离飞鸟；猩猩能言，不离禽兽（《礼记》）

汉字身世小档案

- “禽”的甲骨文是一个象形字，像一个有柄的网子，本义是捕捉禽兽的工具。
- 将两条腿上都长羽毛的动物称为“禽”，四条腿都长毛的动物称为“兽”，都是引申义。
- “兽”是一个会意字，字形左边是捕猎的工具，右边是一条狗，会意为捕猎。

禽

《礼记·曲礼上》:“鹦鹉能言，不离飞鸟；猩猩能言，不离禽兽。”禽、兽并举。

先说禽，甲骨文字形❶，这是一个象形字，上面是网，下面是网的柄，因此“禽”的本义是捕捉禽兽的工具。金文字形❷，在网具上面添加了一个表声的符号“今”，变成了一个形声字。也有人说上面是一个盖子，表示将捕捉到的鸟儿放到封闭空间里。金文字形❸，网具的长柄左侧添加了一只手，表示以手持柄。小篆字形❹，从金文演变而来，变得异常复杂起来。段玉裁认为下面像禽兽的足迹，中间的“凶”字像禽兽的头。这种解释很牵强，跟原始字形差别过大。

《说文解字》:“禽，走兽总名。”这是“禽”的引申义,本义是捕捉，当动词用，后来用作名词后，添加了一个提手旁，变成了“擒”。《尔雅·释鸟》:“二足而羽谓之禽，四足而毛谓之兽。”两条腿都长羽毛的叫禽，四条腿都长毛的叫兽。古代有六种供膳食的禽类,称作六禽。六禽有两种说法，一种说法是:雁、鹑、鷃、雉、鸠、鸽。鹑（chún）是鹌鹑的简称；鷃（yàn）通鴳，也是鹌鹑的一种;雉（zhì）是野鸡;鸠（jiū）是鸠鸽科鸟类的泛称。另一种说法是:羔、豚、犊、麛、雉、雁。羔是小羊；豚（tún）是小猪；犊是小牛；麛（mí）是幼鹿。

三国名医华佗还创了一种武术，名为五禽之戏，这五禽是:“一曰虎，二曰鹿，三曰熊，四曰猿，五曰鸟。”早就不专指鸟类了。

再说兽，甲骨文字形❺，这是一个会意字，左边是捕猎的工具，像长柄上用绳索缚以石块，右边是一条狗，会意为带着猎犬和工具去捕猎。金文字形❻，狗和捕猎工具的样子更加形象。小篆字形❼，变得复杂了，但还是能看出来自金文字形。简化后的字体失去了“犬”，完全看不出造字的原意了。

《说文解字》:“兽，守备者也。”这其实也是“兽”的引申义，本义是捕猎。如同六禽一样，古代也有六种供膳食的兽类，称作六兽，分别是:麋、鹿、熊、麇、野豕、兔。麋鹿是今天的通称，但是古人分类很细，麋是冬至时脱角的鹿;麇（jūn）就是獐子;野豕（shǐ）就是野猪。

今天的日常用语“衣冠禽兽”是一个不折不扣的贬义词，骂人是穿戴着衣帽的禽兽，指品德极坏，行为像禽兽一样卑劣的人。但在明代却是指官员的服饰制度，文官官服绣禽，武将官服绘兽。品级不同，所绣的禽和善也不同：文官一品绯袍，绣仙鹤;二品绯袍，绣锦鸡；三品绯袍，绣孔雀；四品绯袍，绣云雁；五品青袍，绣白鹇；六品青袍，绣鹭鸶；七品青袍，绣鸂鶒（xī chì，一种水鸟，体形大于鸳鸯）；八品绿袍，绣黄鹂；九品绿袍，绣鹌鹑。武将一、二品绯袍，绘狮子；三品绯袍，绘老虎；四品绯袍，绘豹子；五品青袍，绘熊罴（pí）;六、七品青袍，绘彪（虎纹）；八品绿袍，绘犀牛，九品绿袍，绘海马。此之谓“衣冠禽兽”，本来没有贬义成分，后来因为官员们贪赃枉法，多行不义，老百姓切齿痛恨，“衣冠禽兽”才变成了贬义词，一直沿用至今。

尊

少室出天外，巍巍何尊严（梅尧臣）

汉字身世小档案

- “尊”是一个象形字，本义就是酒器的意思。
- 向人敬酒是一种尊重的表示，因此“尊”字后来引申为尊重、尊敬之意。酒器的本义则被新造的“罇”“樽”等字所替代。

尊，甲骨文字形❶，这是一个象形字，下面是两只手，上面是一个酒坛，双手捧着酒坛。甲骨文字形❷，左边添加了一个表示升高的符号，表奉献登进之意。金文字形❸，下面的两只手没变，上面的酒坛里装着酒，因为是陈酒，酒和酒糟下沉，“酉”的上面的两撇像浮出的水形。也有人说是酒满了要浮出来的样子，还有人说表示酒气挥发。金文字形❹，右边的升高符号更加明显。小篆字形❺，下面简化成了一只手（寸）。

《说文解字》：“尊，酒器也。”《周礼》中有小宗伯的官职，职责之一是“辨六尊之名物，以待祭祀宾客”。“六尊”是六种注酒器，它们分别是：牺尊、象尊、著尊、壶尊、太尊、山尊。牺尊是牛形的盛酒器，背上凿孔注酒，另一说是在尊的腹部刻画牛形；象尊是象形或凤凰形的盛酒器，另一说是用象牙或象骨装饰；著尊是殷商时期的尊，著地无足，即立在地上，没有尊足；壶尊是以壶为尊；太尊是用瓦制成的，太古的瓦尊；山尊是刻画山和云形的酒器。这六尊用来祭祀和接待宾客。

作为盛酒器，尊的形状是敞口、高颈、圈足。尊上常常饰以动物或山云形象，如同六尊那样。段玉裁说：“凡酒必实于尊以待酌者。凡酌酒者必资于尊，故引申以为尊卑字，犹贵贱本谓货物而引申之也。自专用为尊卑字，而别制罇樽为酒尊字矣。”向人敬酒是一种尊重的表示，因此“尊”字引申为尊重、尊敬之意，而“酒器”的本义被新造的“罇”“樽”等字所替代。

《礼记·表记》：“使民有父之尊，有母之亲，如此而后可以为民父母矣。”《广韵》：“尊，重也，贵也，君父之称也。”古人很早就把“尊”字用到君、父身上了，因此“尊”成为对君、父和其他长辈的敬称，比如至尊用来称皇帝，尊姓大名用来恭敬地询问对方的名字。

《荀子·致士》：“师术有四，而博习不与焉：尊严而惮，可以为师；耆艾而信，可以为师；诵说而不陵不犯，可以为师；知微而论，可以为师。”按照荀子的说法，有四类人可以当老师：有尊严而使人害怕，可以当老师；年老而有威信，可以当老师；诵读解说经典而在行动上不超越、不违犯它，可以当老师；懂得精微的道理而又能加以阐述，可以当老师。唯独“博习”即博学的人不能当老师。博学的人就是今天说的“知道分子”，世上所有的知识都知道一点，但是所有的知识都不精通，这样的人的确不能当老师。

“尊严”一词在今天的意思是指不容侵犯的身份或地位，比如人的尊严、国家的尊严，都是不可侵犯的意思。追根溯源，“尊严”为什么神圣不可侵犯呢？原来，“尊”最常见的用法是对别人或者自己父母亲的敬称，比如“尊大人”和“尊堂”都是敬称别人的父母，“令尊”是敬称对方的父亲，“家尊”既可用于敬称对方的父亲，又可用于敬称自己的父亲。“严”则是对自己父亲的尊称，比如“家严”是对自己父亲的敬称。《周易》中说：“家人有严君焉，父母之谓也。”“严君”本来是对父母亲的统称，不过因为民间有严父慈母的说法，因此“严”才专称父亲，母亲则称作“家慈”。

“尊”和“严”既然是指父母，当然神圣不可侵犯，这才诞生了“尊严”一词。“尊严”因此也引申为崇高庄严，比如北宋著名诗人梅尧臣《汝州登慈寺阁望嵩岳》一诗中写道：“少室出天外，巍巍何尊严。”

禄

上贤禄天下，次贤禄一国，下贤禄田邑（《荀子》）

汉字身世小档案

- “禄”是一个会意字，字形像辘轳把水桶吊进井中打水，水滴四溅的样子，会意为集水灌溉以保丰收。
- 最早的时候，福、禄不分。后来，禄引申为官员所得的俸禄，福则是指福分、福运的意思。
- 在古代，士死曰“不禄”，也就是没有福气继续当官了！

福、禄常常连用，比如福禄双全，形容福分和爵禄通通都齐备了。那么“禄”为什么会有这样的含义呢?

禄，甲骨文字形❶，这是一个会意字，上半部代表辘轳的形状，辘轳把水桶或汲水器吊进井中打水，水滴四溅，以此形象会意，会意为汲水灌溉保丰收之意。《说文解字》:“禄，福也。”丰衣足食即为福和禄，这是古人最朴素的人生追求。甲骨文字形❷，汲水器好像提了起来，水滴的样子更加形象。金文字形❸，结构同于甲骨文。小篆字形❹，左边添加了一个偏旁“示”,《说文解字》:“示，天垂象，见吉凶，所以示人也。”吉凶之事示于人就要举行祭祀活动，因此凡是“示”字旁的字大都与祝愿、鬼神、祭祀之事有关。“禄”字加上“示”这个偏旁，不仅使“禄”字变成了一个形声字，而且也预示着丰收之后还要按时祭祀，或者表达对丰收的祝愿之意。

最早的时候，福、禄不分，因此两个字可以互训，福就是禄，禄就是福，这是古人训诂常用的手法。后来两个字的含义才加以区分，“禄”引申为官员所得的俸禄，与抽象的福分、福运的意思彻底区别开了。《周礼》中制定了君王驾驭群臣的八种权术：“一曰爵，以驭其贵；二曰禄，以驭其富；三曰予，以驭其幸；四曰置，以驭其行；五曰生，以驭其福；六曰夺，以驭其贫；七曰废，以驭其罪；八曰诛，以驭其过。”贾公彦解释道：“禄，所以富臣下。”意思就是臣下该得的俸禄。

荀子曾经从理想主义的角度描述过贤士应得的俸禄：“上贤禄天下，次贤禄一国，下贤禄田邑。”意思是说，最高等的贤士应该以天下的财货为俸禄，次一等的贤士应该以一国的财货为俸禄，最下等的贤士应该以小小一块田邑的财货为俸禄。古人做官依赖俸禄为生，因此他们把那些在其位不谋其政，仅仅是为了领取俸禄，尸位素餐的官员称作“禄蠹”。南北朝时还有一种独特的俸禄叫“干禄”，干指地位低下的官吏和被役使的奴隶。权贵和高级官吏向他们收取可以免除兵役或劳役的绢，用以补充俸禄之不足，其实是一种苛捐杂税。流风所及，以至于权贵们的仆人、宦官、胡人、歌舞艺人、奴婢，甚至宠物狗、马、鹰、斗鸡都各有封号，享用的就是这种干禄。

《礼记·曲礼下》规定：“天子死曰崩，诸侯曰薨（hōng），大夫曰卒，士曰不禄，庶人曰死。”其中最有意思的是，士之死名为“不禄”，有人把“不禄”解释为死了就没有俸禄了，简直是笑话！这里用的就是“禄”的本义，即福气、福分、福运。郑玄解释“不禄”为“不终其禄”，没有福气继续当官了！把“不禄”解释为没有福气还有一个旁证，《礼记·曲礼》规定夭折也叫“不禄”，当然是没有福气继续活着的意思。士是贵族阶层中最低的一个等级，从“不禄”的称呼中也可以看出来地位之低下，仅仅比普通老百姓的“死”高出一个等级。

1 小篆

2 篆体

曲径通幽处，禅房花木深（常建）

汉字身世小档案

- “禅”本作“墠”，是指经过除草整洁的郊野平地。后来为了神化这个字，才将“土”字旁改为表示祭祀的“示”字旁。
- 读作chán的“禅”字，是表示与佛教有关的事务。
- 读作shàn的“禅”字，则跟古代的祭祀土地之礼有关。

禅

“禅”最初的读音为 shàn，现在除了“禅让”一词之外一律读作 chán，这是古今“禅”字读音最大的区别。“禅”最初的字形跟现在也不一样，而是写作“墠”，意思是指经过除草整治的郊野平地。后来为了神化这个字，将“土”字旁改为表示祭祀的“示”字旁，才演变成“禅”字。

古人为什么要神化“禅”字呢？《说文解字》：“禅，祭天也。”原来古代国君举行祭祀大典的时候，“筑土曰封，除地曰禅”，这就是古代的封禅大典：在泰山上筑土为坛，报天之功，称“封”；在泰山下的梁父山上辟场祭地，报地之德，称“禅”。“封”是增高祭天，故筑土堆成祭坛；“禅”是加广祭地，故除草整治土地。“封禅”合称祭祀天地之礼。

禅，小篆字形❶，这显然是一个形声字，从示单声。但我们看它的另一个篆体字形❷，右边是“亶（dǎn）”，意思是多谷，左边表示祭祀，祭祀土地才能多产谷子，因此它又是一个会意字。

春秋时期，齐桓公称霸后，想效仿上古帝王封禅泰山，国相管仲阻止了他，声称上古帝王封禅泰山都出现了很多祥瑞，比如东海进贡的比目鱼，西海进贡的比翼鸟，可是如今什么祥瑞都没有，凤凰、麒麟没有降临，田地里没有出产嘉谷，反倒是蓬蒿、杂草茂盛，鸱枭等恶鸟现身，这种情况表明您显然还没有被授以天命，怎么可能封禅呢？这一番危言耸听的话，迫使齐桓公打消了封禅的念头。

秦始皇统一天下，登基后第三年，也开始效仿上古帝王到泰山封禅。据《史记》记载：“上自泰山阳至巅，立石颂秦始皇帝德，明其得封也；从阴道下，禅于梁父。”这是第一次有史记载的封禅记录，但具体的祭祀之礼如何，秦始皇却秘藏起来，大概是怕后来的帝王得知，也效仿他的行为封禅，那就减弱了“始皇帝”的威风了。即使如此，后世帝王还是效仿秦始皇，频频登上泰山封禅。

因为封禅是帝王之举，“禅”后来就引申出让位的意思，称作“禅让”，比如尧将帝位禅让给舜，舜又将帝位禅让给禹，禹死前却将帝位传给了儿子。禅让制的结束，正式开始了“家天下”的历史进程。

至于今天的“禅”chán 字，是表示与佛教有关的事物，跟古代的祭祀土地之礼已经没有任何关系了。比如唐代诗人常建的名句：“曲径通幽处，禅房花木深。”“禅”是梵语音译“禅那”的简称，禅那意译为禅定，是佛教禅宗的六种修行方法之一。一心审考为禅，息虑凝心为定。佛教修行者以为静坐敛心，专注一境，久之达到身心安稳、观照明净的境地，即为禅定。禅宗之名则起始于唐代，始祖为天竺高僧达摩，传四世而到五祖弘忍，弘忍之后分化为南宗慧能的顿悟说和北宗神秀的渐悟说，其中以顿悟说流传最广，主张不立文字，直指人心，顿悟成佛。中晚唐之后成为汉传佛教的主流，后来更传入世界各地。

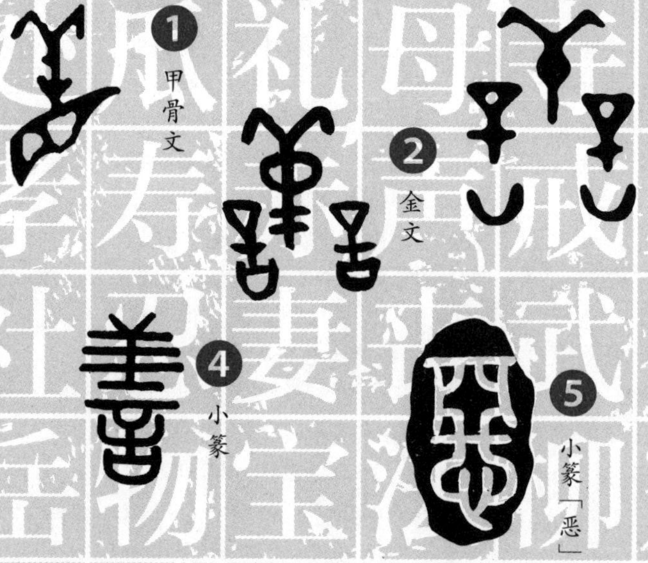

君子莫大乎与人为善（《孟子》）

汉字身世小档案

- “善”是一个会意字，字形上面是羊，下面是两个言，会意为吉祥、美好的意思。
- 许慎认为这是一个形声字，从心亚声，不过有很多学者都认为“亚”字像殷代地下墓室的平面图形。

善

善和恶是一对反义词。

先说善，甲骨文字形❶，这是一个会意字，上面是羊，下面是眼睛，羊的眼睛很和善，因此用来会意。金文字形❷，脱离了甲骨文的造字思维，上面是羊，下面是两个“言”。金文字形❸，大同小异。古人把羊视为吉祥、美好的动物，“言”是说话，会意为说出的话非常吉祥、美好，因此《说文解字》解释道：“善，吉也。”也有学者认为上面的羊会意为美味，下面的“言”会意为因美味而连连称赞。小篆字形❹，下面两个“言”简化成了一个。

已经有一千多年历史的蒙学读物《三字经》，开篇就是：“人之初，性本善。”孔子亦有名言：“三人行，必有我师焉，择其善者而从之，其不善者而改之。”儒家持“性善论”，因此“善”是儒家学说中一个重要的方面。孟子则说得更多：“苟为善，后世子孙必有王者矣。”“君子莫大乎与人为善。”“教人以善，谓之忠。”“好善优于天下。”善良、善心，这都是从吉祥、美好的本义引申出来的含义。

“善”的金文字形有两个“言”，表示吉祥、美好的话说得越多越好，所谓连连称善，因此“善”又可以引申为多。《诗经·载驰》中有“女子善怀，亦各有行”的诗句，意思是女子有很多思念，心里面也有自己的主张。《礼记·文王世子》中有更明确的记载：“尝馔善，则世子亦能食；尝馔寡，世子亦不能饱。”这句话的意思是：如果父王吃饭多，那么太子也能吃饭多；如果父王生病吃饭少，那么太子也因为忧愁而吃不饱。“善”与“寡”相对，当然是多的意思；如果把此处的“善”理解成美好，就说不通了。

善有善报，恶有恶报。恶，小篆字形❺，许慎认为这是一个形声字，从心亚声。不过有很多学者都认为“亚”字像殷代地下墓室的平面图形，白川静先生说：“墓室为死者的居所，对活着的人来说，此处乃心情不畅之地，易生嫌忌拘谨之思。”那么“恶”就是一个会意兼形声的字。《说文解字》：“恶，过也。”人有过错叫恶。不过还有一种说法：“有心而恶谓之恶，无心而恶谓之过。”

古人把六种极其凶恶的事情叫作“六极”，分别是：“一曰凶短折，二曰疾，三曰忧，四曰贫，五曰恶，六曰弱。”这并不是指对人凶恶，而是指自身遭遇的祸患。

又有“十恶不赦”的说法，指古代刑律制定的十种大罪。《隋书·刑法志》载：“一曰谋反，二曰谋大逆，三曰谋叛，四曰恶逆，五曰不道，六曰大不敬，七曰不孝，八曰不睦，九曰不义，十曰内乱。”一曰谋反，企图推翻现政权。这一条历来都是“十恶”之首。二曰谋大逆，危害君父、宗庙、宫阙等罪行。三曰谋叛，背叛朝廷。四曰恶逆，殴打及谋杀祖父母、父母，杀死伯叔父母、姑、兄、姊、外祖父母、夫、夫之祖父母、父母。五曰不道，杀死一家非死罪三人，将人肢解，造毒物杀人，用邪术诅咒人等。六曰大不敬，冒犯皇帝的尊严，偷盗皇帝祭祀的器具和皇帝的日常用品，伪造御用药品以及误犯食禁。七曰不孝，对祖父母或父母不孝。八曰不睦，亲族之间互相伤害。九曰不义，杀本属府主、刺史、县令、现受业师；吏卒杀本部五品官以上官长；闻夫丧匿不举哀，守丧期间作乐、穿吉服及改嫁。十曰内乱，亲族之间通奸或强奸。

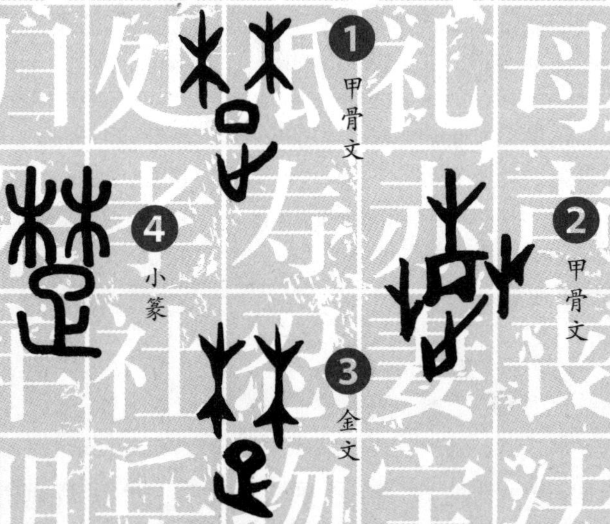

蜉蝣之羽，衣裳楚楚（《诗经》）

汉字身世小档案

- "楚"是一个会意字，字形上面是两棵树，下面是一只足，会意为开发山林的意思。
- 古代楚人自称为"楚"，是因为他们聚居之地多山林，需要开发，故称楚人、楚国。
- 楚木比一般的灌木都高，因此"楚楚"就引申为鲜明的样子，如"衣冠楚楚"。

楚

“楚”这个字很有意思，甲骨文字形❶，上部有两棵树木，代表山林，下面是足（脚），因此“楚”是一个会意字，人的足迹踏进了山林，会意为开发山林的意思。但同时还兼有形声，下面的“足”表声。甲骨文字形❷，山林更加茂密，人的足迹踏进山林也更加深入。金文字形❸，字形变得工整起来了。小篆字形❹，接近金文。楷体字形的下部变成了“疋”，“疋”和“足”在上古的时候是一个字。

古代楚人自称为“楚”，是因为楚人聚居地多山林，需要开发，故称楚人、楚国。后来楚人回忆起他们的祖先，声称祖先“筚路蓝缕，以启山林”，正是纪念祖先开发山林的功劳。《说文解字》：“楚，丛木，一曰荆。”这是从开发山林引申出来的意思，把一种落叶灌木或小乔木叫作“楚”，又叫“荆”，所以中原各国又称楚国为荆蛮。

早在《诗经》中就出现了“楚”这种植物的影子。《汉广》：“翘翘错薪，言刈其楚。”翘读作 qiáo，本义是鸟尾上的长羽，这里比喻杂草丛生；错，杂；刈（yì），收割。这两句诗的字面意思是：众多错杂的薪柴中，我只收割其中最高的楚树，比喻众多的女子都很贞洁，而我只选取追求其中最高洁的汉水游女。

《诗经·楚茨》中还有“楚楚者茨”的诗句，意思就是田野里生长着茂盛的蒺藜。楚木比别的灌木都长得高，众多灌木之中，最先看见的就是它，因此“楚楚”引申为鲜明的样子，比如《诗经·蜉蝣》中的诗句：“蜉蝣之羽，衣裳楚楚。”形容蜉蝣的翅膀鲜明美丽。明白了“楚楚”的意思，就知道“楚楚”一词最早不能用在人身上，而只能用在植物身上。

《世说新语》中讲了一个故事。东晋名士孙绰盖了几间房子，过上了隐居生涯，他在房子前面种了一棵松树，亲自培土浇水。邻居高世远有一天对他说：“松树子非不楚楚可怜，但永无栋梁用耳！”高世远用“楚楚可怜”来形容刚栽下的幼松纤弱可爱的样子，因为松树属于乔木类，只能药用或观赏，不能像其他树木一样可以拿来盖房子，因此高世远才这么说。到了清代，许豫所著《白门新柳记》一书中用“楚楚可怜”来形容妓女患病后的样子，从此之后，“楚楚可怜”一词才开始用在女人身上，跟今天的意思一样。

有趣的是，“楚”因为枝干坚硬，还用来制成刑具，不过这种刑具最早用在念书的儿童身上，类似于戒尺的功能。《礼记·学记》规定：“夏、楚二物，收其威也。”“夏”是山楸木，跟荆树一样坚硬，用这两种树的枝干制成杖，以对付那些不好好学习的顽童，调皮捣蛋的时候惩戒一下。后来“夏楚”连用，泛指用棍棒进行体罚，主要用于未成年人。“楚”打在身上很疼，所以又引申出痛苦的意思，比如苦楚、酸楚。

雷

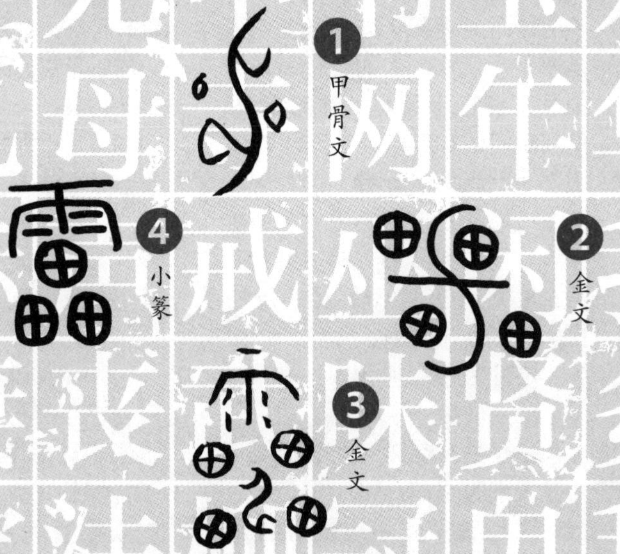

仲春，雷乃发声；仲秋，雷始收声（《礼记》）

汉字身世小档案

- “雷”是一个象形字，字形中间像闪电，两旁的圆圈表示打雷的声音。
- 古人认为雷声能够震惊百里，而“同”是古代土地的面积单位，方圆百里为“同”，因此才产生了“雷同”一词。
- “五雷轰顶”一词中的“五雷”，原来是指雷公的五位兄弟。

一个描述自然现象的“雷”字，成为了今天的网络流行语：“太雷人了！”“雷死人不偿命！”不过，巨大的雷声令人恐惧，同时也令人全身发麻，倒是跟“雷人”的情景十分相似。

雷，甲骨文字形❶，这是一个象形字，中间像弯弯曲曲的闪电，两边的圆圈表示打雷的声音，整个字形像闪电和雷声的交响。金文字形❷，中间还是闪电的形状，上下左右四个“田”字还是打雷的声音，很像我们在电影中看到的地雷的形状。之所以把表示雷声的小圆圈改为“田”字形，是因为刀刻不便，因此改圆为方形。金文字形❸，在上面添加了一个“雨”字，变成了一个会意字，会意为雷雨交加。小篆字形❹，把闪电去掉了。

《说文解字》：“雷，阴阳薄动，生物者也。”《春秋·玄命苞》：“阴阳合为雷。”《白虎通》：“雷者，阴中之阳也。”《淮南子·坠形训》：“阴阳相搏为雷。”以上解释都是从阴阳观念入手作出的，倒不如《礼记·月令》朴素的从自然现象入手的解释：“仲春，雷乃发声；仲秋，雷始收声。”

有趣的是，古人对打雷的声音能够传出多远有自己独特的界定。东汉章帝时，由于地方经费不足，有大臣向皇帝建议对食盐等日用品实行专卖制度，遭到尚书仆射朱晖的坚决反对，认为这是与民争利。汉章帝非常生气，朱晖却对众大臣说：“如果明明知道不能实行这项政策还‘顺旨雷同’，有负臣子的职责。”在朱晖的坚持下，这一政策最终没有实行。李贤解释“顺旨雷同”说：“打雷的时候，雷声能够震惊百里，而百里称‘同’，故称‘雷同’。”“同”是古代土地的面积单位，方圆百里为“同”。《左传·襄公二十五年》：“天子之地一圻，列国一同。”方圆千里称“圻（qí）”，天子直接管辖的地盘是方圆千里，诸侯直接管辖的地盘方圆百里。后来就把随声附和或者观点与人相同叫作“雷同”。

在民间，对一个人恨到了极点，常常诅咒他出门遭“天打五雷轰”；形容一个人遭到了巨大的打击，是“五雷轰顶”。“五雷”到底是真的有五种雷还是被雷轰五次？《太平广记》从《神仙感遇传》中辑录了一则叫《叶迁韶》的故事。唐代有一个叫叶迁韶的人，幼年有一次在野外放牧，遇大雨便在大树下避雨，刚好这棵树被雷劈了，不过被雷劈开的地方随即又愈合了起来，无巧不巧，将雷公夹在了树中间。雷公伸胳膊蹬腿，吹胡子瞪眼，丑态出尽也出不来。叶迁韶拿了一块石头劈开树干，雷公这才脱身，临走前向叶迁韶千恩万谢，并约定过几天再在这棵树下见面。

到了那一天，雷公拿出一卷墨篆送给叶迁韶，说：“你按照墨篆中的办法可以致雷雨，祛疾苦，立功救人。我共有兄弟五人，你需要雷的时候，只需呼唤一声雷大雷二，我们立马就会赶来打雷。不过雷五性格暴躁，没有什么危急的事情轻易不要叫他。”

从此之后，叶迁韶行符致雨，做了很多好事。有一次叶迁韶在吉州市喝得大醉，太守抓住了他，准备打他的屁股。叶迁韶大呼雷五，此时郡中正当大旱，只听霹雳一声，震耳欲聋，果然是雷五赶来，连续下了两天两夜的大雨，解除了旱情。叶迁韶就这样在江浙间周游，后来他的法术传了下来，被称为“五雷法”。

这就是“五雷”一词的来历，原是指的雷公兄弟五人。后来“五雷法”成为道教的一种修炼方法，“五雷”更进一步被理论化为金木水火土的五行之雷：东方木雷，南方火雷，西方山雷，北方水雷，中央土雷。

烈日已应惊蜀犬，炎云惟是喘吴牛（唐孙华）

汉字身世小档案

- “蜀”是一个象形字，字形像有只大眼睛的虫，也就是指蚕宝宝。
- 四川别称“蜀”，是因为古代蜀国早就开始种桑养蚕，因此盛产丝绸。
- “蜀犬吠日”一词是因为蜀地多雾，不常出太阳，因此每逢日出，群狗就狂吠不已，故引申为少见多怪的意思。

蜀

天府之国四川别称“蜀”，人们大多不知道为何有这样的别称，让我们先来看看“蜀”这个字的演变过程。

蜀，甲骨文字形❶，这是一个象形字，《说文解字》：“蜀，葵中蚕也。从虫，上目象蜀头形，中象其身蜎蜎。”段玉裁称，应为“桑中蚕”，如此一来这个字的意义就很清楚了，“蜀”就是蚕，上部的“目”是蚕头部的形状，下部的卷曲状是模仿蚕身体屈曲的样子。蜎蜎（yuān），形容虫子爬行的曲躯蠕动的样子。甲骨文字形❷，蚕的身体蜷曲得更厉害了。金文字形❸，下面添加了一条虫来示意。小篆字形❹，直接从金文演变而来。楷体字形的下部直接变成了“虫”字。

《诗经·东山》有句：“蜎蜎者蜀，烝在桑野。”烝（zhēng）形容众多，这句诗的意思是：众多的蚕儿曲曲弯弯地爬行在遍布桑林的田野。古代的四川很早就开始种桑养蚕，因此以蚕为图腾。李白《蜀道难》一诗开篇就说：“蚕丛及鱼凫，开国何茫然。”蚕丛和鱼凫是古蜀国两位国王的名字，蚕丛显然更是直接以蚕为名为图腾。据《华阳国志》记载：“蜀侯蚕丛，其目纵。”蚕丛的眼睛是“纵”起来的，想一想“蜀”字的金文字形吧，上面那只大眼睛多么像纵起来的形状啊！这就是四川别称“蜀”的来历。正因为古蜀国早就开始种桑养蚕，因此盛产丝绸，著名的蜀锦、蜀绣行销全国，成为著名的丝织品。

有个成语叫“蜀犬吠日”，是少见多怪的意思。蜀地多雾，不常出太阳，因此每逢日出，群狗就狂吠不已。“蜀犬吠日”这个成语出自柳宗元《答韦中立论师道书》：“屈子赋曰：‘邑犬群吠，吠所怪也。’仆往闻庸蜀之南，恒雨少日，日出则犬吠。”柳宗元说：屈原说群犬狂吠，是在吠奇怪的东西。过去我听说庸（古国名，在今湖北省竹山县东南）和蜀以南的地方经常下雨，很少出太阳，一出太阳就会群犬乱吠，当时我还以为这是夸大其辞呢！六七年前我来到南方，有一年冬天，岭南下了一场大雪，我亲眼看见数州的犬都慌慌张张地狂吠乱窜，直到雪化了才停止狂吠，这才相信“蜀犬吠日”是真的。从此人们就用“蜀犬吠日”比喻少见多怪。

清代诗人唐孙华有诗：“烈日已应惊蜀犬，炎云惟是喘吴牛。”如同“蜀犬吠日”一样，吴地的水牛畏热，见到月亮就以为是太阳，喘息不已，这叫“吴牛喘月”。此诗称吴牛见到炎云也喘息，想来它们是多么希望见到阴云啊！

有趣的是，“蜀”还是一种动物的名字，这种神奇的动物记载在《山海经》中：“有兽焉，其状如马而白首，其文如虎而赤尾，其音如谣，其名曰鹿蜀，佩之宜子孙。”东晋学者郭璞用韵文进一步描述了“鹿蜀”这种神奇的动物：“鹿蜀之兽，马质虎文，骧首吟鸣，矫足腾群，佩其皮毛，子孙如云。”《山海经》中记载着很多神奇的动物，现代人却都视之为传说，大概是因为当时的很多动物后来都灭绝了，如今不是每天还都在灭绝许多物种吗？“鹿蜀”大约也经历了同样的命运。

① 金文「辠」

② 小篆「辠」

③ 小篆

罪疑惟轻，功疑惟重（《尚书》）

汉字身世小档案

■“罪”的本字是“辠”，这是一个会意字，用刑刀（辛）与鼻子（自）来会意受刑时的痛苦。

■“罪”是一个会意字，像一张网子和一只展翅的鸟，本义是用来捕鱼、捕鸟的竹网。

■秦始皇看“辠”字似“皇”字，故下令以“罪”字代替“辠”字。

罪

“罪”的本字是“辠”。先说辠，金文字形❶，这是一个会意字，上面的“自”是鼻子的形状，下面的“辛”是刑刀的形状，对犯罪的人要用刑刀来进行惩罚。“自”和“辛”组合起来，会意为用刑刀行刑的时候，犯罪的人很疼痛，蹙着鼻子表示苦楚，或者会意为割鼻的酷刑。小篆字形❷，字形已经规范化了。《说文解字》：“辠，犯法也。从辛从自，言辠人蹙鼻苦辛之忧。”

再说罪，小篆字形❸，这是一个会意兼形声的字，上面是一张网，下面是“非”。“非”像鸟儿相背着展开的一对翅膀，截取这一段翅膀，来会意为用网捕鸟。《说文解字》：“罪，捕鱼竹网。”清代《字汇补》：“罪，捕鱼器。”“罪”的本义是用来捕鸟的竹网，当然也可以用来捕鱼。秦始皇自称始皇帝，统一文字时，看到“辠”这个字的样子跟皇帝的“皇”字长得很像，心里非常不爽，于是下令将“犯法”的“辠”用“罪”字来代替，“罪”字遂慢慢失去了本义，演变成今天的意思。

我国上古时期的法律制度先进得超出人们的想象，跟现代法理中的“无罪推定”是一样的。《尚书·大禹谟》中规定：“罪疑惟轻，功疑惟重。与其杀不辜，宁失不经。好生之德，洽于民心，兹用不犯于有司。”这段话的意思是说：怀疑有罪的时候要从轻，怀疑功劳的时候要从重。与其杀掉一个没有罪的人，不如放掉一个有罪的人。好生之德使民心安洽，不会触犯刑律。

不过上古时候帝王们这一满怀人性的关怀的规定，被后世针对“罪”的各种严刑峻法给代替了，不同时期都有对罪人的极其残酷的五刑。秦以前的五刑为：墨，刺刻面额，染以黑色，作为惩罚的标记；劓（yì），割掉鼻子，想一想“辠”字的金文字形吧；剕（fèi），又称刖（yuè），断足；宫，阉割；大辟，杀。秦汉时期的五刑为：黥（qíng），在脸上刺字并涂墨，以防犯人逃跑；劓；斩左右趾；枭（xiāo）首，砍下头颅并悬挂示众；菹（zū）其骨肉，将人剁成肉酱。隋唐以后的五刑为：死；流，流放；徒，拘禁罪人服劳役；杖，用大荆条、大竹板或棍棒抽击人的背、臀或腿部；笞（chī），用鞭子或竹板拷打。

除了死刑之外，这些残酷的严刑峻法今日统统都被废除了，对罪犯的惩罚代之以现代文明的手段，同时也衔接上了上古帝王们的人性关怀。

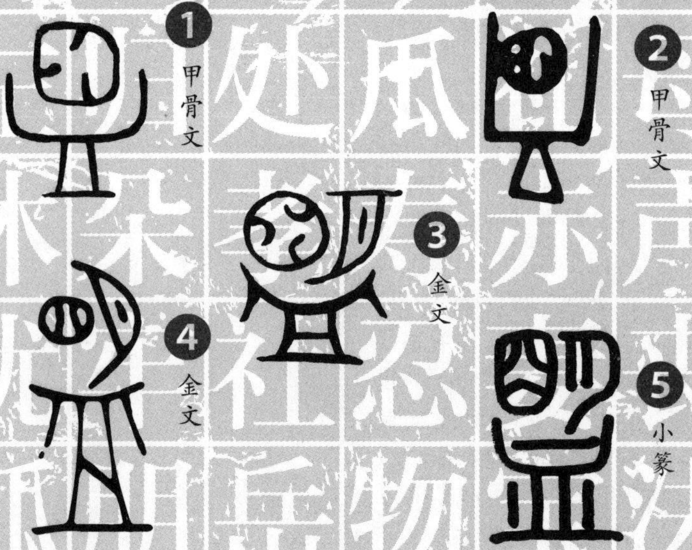

山盟虽在，锦书难托（陆游）

汉字身世小档案

- “盟”是一个会意字，像一个盘子上装着祭品，会意为在神前发誓结盟的意思。
- 结盟时用盘子盛着牛耳朵，由主持盟誓的人执盘，称为“执牛耳”，因此引申为人在某方面居于领导地位。
- “歃血为盟”的“歃血”就是微饮血或蘸血，以表示双方的诚意。

陆游《钗头凤》词："山盟虽在，锦书难托。"山盟，指山为盟。盟为结盟，是世界各民族通行的礼仪，但我国古代的结盟有许多独特的仪式，"盟"这个字被造出来就跟这些仪式密切相关。

盟，甲骨文字形❶，这是一个会意字，下面是一个器皿，上面代表什么则说法不一，有学者说里面放的是三只牛耳朵，有学者说里面盛的是血。甲骨文字形❷，字形大同小异。持牛耳说的学者认为，古代结盟要使用牛作为祭品，割下牛的耳朵，用一种叫敦的食器盛着牛血，用珠盘盛着牛耳，主持盟誓的人执盘，这就叫"执牛耳"，从主持盟誓的人引申为人在某方面居于领导地位。"盟"字因此会意为在神前发誓结盟的意思。

《说文解字》："盟，《周礼》曰：'国有疑则盟。'诸侯再相与会，十二岁一盟。北面诏天之司慎司命。盟，杀牲歃血，朱盘玉敦，以立牛耳。"司慎和司命是两颗星星的名字，古人认为诸侯结盟时，司慎负责伺察不敬者，司命负责伺察结盟者，加以神化而为神名。孔颖达解释说："盟者，杀牲歃血，誓于神也。盟之为法，先凿地为方坎，杀牲于坎上，割牲左耳，盛以珠盘，又取血盛于玉敦，用血为盟书，成，乃歃血而读书。"如许慎和孔颖达所说，结盟过程中还有一道程序，叫歃血，认为"盟"字的甲骨文字形中，"器皿中盛的是血"的看法即由此而来。歃（shà）的本义是微吸、微饮，歃血即微饮血。还有一种说法是，歃血指用手指头蘸血，涂抹在嘴旁边。不管是微饮还是蘸血，都是双方之间诚意的表示。需要强调的是，歃血这道程序中用的血不是人血，而是被当作祭品的动物的血。盟誓时使用的动物，根据结盟者身份的贵贱程度也有不同：天子用牛和马，诸侯用狗和公猪，大夫以下用鸡。不过也有例外，《史记·平原君虞卿列传》中描写了一场经典的盟誓场景。毛遂自荐，跟随平原君出使楚国，毛遂胁迫楚王答应赵国的条件之后，对楚王的左右说道："取鸡狗马之血来。"毛遂大功告成，大概高兴得昏了头，竟然要把三种等级动物的血全都端上来，可发一笑！

盟，金文字形❸，右上角增加了一个"月"字，使"盟"从会意字变成了形声字，上面的"明"表声。金文字形❹，大同小异。小篆字形❺，字形更加规范化了。

《周礼》："凡邦国有疑，会同。"会同就是会面，国与国之间有什么猜疑或疑问，于是会面而结盟，其中执牛耳者就称为盟主，结盟的国家互称盟国。后来也用于个人和个人之间，比如结拜兄弟称作盟兄弟。

即使在我国古代，不同民族结盟的仪式也不一样。《淮南子·齐俗训》中写道："胡人弹骨，越人契臂，中国歃血也。所由各异，其于信，一也。"北方的胡人最野蛮，在人的头骨中倒满酒，互饮以示信守，称"弹骨"；南方的越人则是用刀刺臂，流出血来，以示信守，称"契臂"；相比之下，中原民族更加文明一点，只是使用动物血"歃血"而已。

1 甲骨文「监」

2 甲骨文「监」

3 金文「监」

4 金文「监」

5 小篆「监」

6 金文

7 小篆

以人为鉴，可明得失（唐太宗）

汉字身世小档案

■“监”是“鉴”的初文，甲骨文是一个人跪在盆前看自己的样子，也就是照镜子的意思。

■传说秦始皇有面镜子，可以照出人的五脏六腑是否包藏祸心。后来，大堂上因此挂上一个匾，写道“秦镜高悬”，后改为“明镜高悬”。

鉴

唐代名臣魏徵去世后，唐太宗李世民发出了著名的感叹："以铜为鉴，可正衣寇；以古为鉴，可知兴替；以人为鉴，可明得失。朕尝保此三鉴，内防已过。今魏徵逝，一鉴亡矣。"此处的"鉴"就是镜子的意思。"鉴"为什么会被当作镜子呢？让我们从头说来。

"监"是"鉴"的本字。监，甲骨文字形❶，这是一个会意字，左边是一个盆状的器皿，右边是一个人，跪在盆前看自己的样子，人的眼睛（目）显得异常醒目。甲骨文字形❷，右边很像一位身姿窈窕的女子，盆中的一横代表水，一横上面的圆圈代表女子的脸部，一横下面的圆圈代表水中映出的女子脸部的倒影，真是栩栩如生！金文字形❸，这个人站了起来，头伸到盆的上方，如此一来，自己的样子就看得更清楚了。盆的上面有一横，表示盆里面有水，同时"目"变成了"臣"（臣的甲骨文字形就是目）。金文字形❹，大同小异。小篆字形❺，没有任何区别。繁体字形"監"，右上角人的样子看不出来了。简化后的字体，连"目"都看不出来了。

《说文解字》："监，临下也。"所谓"临下"，就是从盆的上面往下俯视自己的样子，因此"监"的本义就是照镜子。《尚书·酒诰》："人无于水监，当于民监。"意思是国君不能光从水面上照自己的形象，而应该从人民中照自己的形象。《左传·庄公三十二年》："国之将兴，明神降之，监其德也；将亡，神又降之，观其恶也。"此处的"监"和后句的"观"并举，是照视的意思。当作"照镜子"的本义解的时候，"监"读作四声 jiàn。从"监"的本义引申出监督之意，又引申出监禁、监狱之意，当作这些义项的时候，"监"读作一声 jiān。

"监"的引申义越来越多之后，开始把"照镜子"或"镜子"的本义转移给"鑑"这个字。鑑，金文字形❻，仍然是一个会意字，在"监"的左边添加了"金"，会意为这个盆子是用金属制成的。小篆字形❼，同于金文。《说文解字》："鑑，大盆也，可以取明水于月。"所谓明水，是祭祀所用的净水；所谓"取明水于月"，其实指的就是露水。因此"鑑"的本义就是盛水或盛冰的青铜大盆，后来引申为青铜制成的镜子的时候，与"鉴"通假，慢慢地"鑑"字废弃不用，通用为"鉴"字了。

有个成语叫"明镜高悬"，鲜为人知的是，这面"明镜"最初其实叫秦鉴或秦镜，是秦始皇使用的镜子。据《西京杂记》记载，刘邦攻陷咸阳之后，搜查秦朝的府库，发现了很多宝贝，其中一件是长四尺、高五尺九寸的大镜子，里外都非常明亮，直立着照的时候，人的影子却是倒影；用手捂着胸口照的时候，五脏六腑都看得清清楚楚；如果病人照这面镜子，就能看到什么地方病在何处；有邪心的女人照这面镜子，立马能看见胆张心动。秦始皇常常拿这面镜子照宫中的宫女，发现谁"胆张心动"立刻就将她杀了。后来，官员们为了标榜自己的清正廉明，常常在大堂上挂着"秦镜高悬"的一块匾，再后来因为秦朝离得越来越远，"秦镜"一词渐渐变得不明白了，于是就用"明镜高悬"取代了"秦镜高悬"。

鼠

① 甲骨文

② 甲骨文

③ 小篆

谁谓鼠无牙？何以穿我墉？（《诗经》）

汉字身世小档案

- “鼠”是个象形字，字形就像一只活脱脱的老鼠，有鼠腹、鼠爪、鼠尾、鼠嘴和突出的鼠牙。
- 古人对“鼠”的印象不好，因此，常常把鼠跟盗窃连在一起，例如“鼠窃狗盗”。
- 老鼠的别称“耗子”，原来是出自老百姓对苛捐杂税的痛恨。

鼠是人类非常厌恶的动物，竟然排在十二生肖之首，对此众说纷纭。一种说法是鼠夜半时分出来活动，夜半象征着天地混沌，鼠咬天开，因此子属鼠。明人李长卿著《松霞馆赘言》持这一观点："子何以属鼠也？曰：天开于子，不耗则其气不开。鼠，耗虫也。于是夜尚未央，正鼠得令之候，故子属鼠。"

另一种说法是将十二种动物分为阴阳两类，阴阳按照动物脚趾头的奇偶数排定，动物前后左右脚趾头的数目都是相同的，只有鼠例外。明代学者郎瑛所著《七修类稿》中有"十二生肖"的条目，其中说："子虽属阳，上四刻乃昨夜之阴，下四刻今日之阳，鼠前足四爪，象阴，后足五爪，象阳故也。"鼠前足四爪，偶数为阴，后足五爪，奇数为阳。子时前半部分是昨夜之阴，后半部分是今日之阳，所以正好用鼠来象征子时。

鼠，甲骨文字形❶，这是一个象形字，多么栩栩如生的一只老鼠！下面是鼠腹、鼠爪、鼠尾，上面是鼠嘴和突出的鼠牙。甲骨文字形❷，这是一只肥胖的老鼠，鼠牙尖利，看着就令人全身发麻！小篆字形❸，将甲骨文的鼠形加以变形，但长长的尾巴还是看得很清楚。

《说文解字》："鼠，穴虫之总名也。"古人对鼠的印象很不好："鼠，小虫，性盗窃。""鼠，小兽，善为盗。"《诗经·行露》："谁谓鼠无牙？何以穿我墉（yōng，墙）？"因此有"鼠窃狗盗"的成语。据《晏子春秋》一书记载："景公问于晏子曰：'治国何患？'晏子对曰：'患夫社鼠。'公曰：'何谓也？'对曰：'夫社，束木而涂之，鼠因往托焉。熏之则恐烧其木，灌之则恐败其涂。此鼠所以不可得杀者，以社故也。夫国亦有社鼠，人主左右是也。'"社庙是由一根根涂上泥的木头排列在一起建成的，老鼠栖居于此，人们想把老鼠赶出来，但是用烟火熏怕烧坏了木头，用水灌又怕毁坏了外表的涂泥，社鼠之所以不能被赶尽杀绝，就是因为社庙的缘故。国家也有社鼠，国君左右的小人就是，可见人们对鼠的厌恶。"投鼠忌器"这个成语是最好的描述，想扔东西投老鼠又怕毁坏了老鼠旁边的器具。因此鼠又引申为小人和奸臣，比如鼠辈、鼠目寸光之类词语。

老鼠为什么又叫耗子呢？各种词典都语焉不详，仅仅把这个称谓归结为某地方言。这是一个误解，"耗子"得名的由来其实很清楚。

老鼠跟十二地支配对为子鼠，这是耗子称谓中"子"的来源。"耗"是古代征收钱粮时，官府以损耗为名，在应交的钱粮之外强行摊派的附加部分，即苛捐杂税。据《梁书·张率传》载，南朝文学家张率性情宽厚，有一次派遣家僮给家中送去三千石米，到了家一称，竟然少了一多半！张率询问家僮为什么少了这么多，家僮回答道："雀鼠耗也。"张率闻言大笑道："壮哉雀鼠！"这些麻雀和老鼠也太厉害了，居然消耗了一千多石米！后来人们就把正税之外附加的钱粮戏称为"雀鼠耗"。"耗子"这个称谓中的"耗"即由此而来。民间出于对苛捐杂税的痛恨，因而把老鼠称作"耗子"，希望它们嘴下留情，不要"耗"得太多，以免"雀鼠耗"全都转嫁到百姓头上。

解

不堪春解手，更为晚停舟（秦观）

汉字身世小档案

- “解”是一个会意字，字形像用手将牛角从牛头上掰下来，会意为用刀把牛剖开。
- “解手”最初的本义是指分手，后来才变成上厕所的意思。
- “解”有把牛角剖来送人的意思，因此引申出送、押送等意思。此时应读作jiè，比如押解、解差。

“解”是一个义项繁多、读音繁多的字，但所有义项都是从最原始的义项引申出来的。

解，甲骨文字形❶，这是一个会意字，最下面是一个牛头，牛头上面是一只大牛角，大牛角旁边是两只手，两只手用力，将牛角从牛头上掰下来。甲骨文字形❷，牛角左右还溅出了两点血滴。金文字形❸，同于甲骨文。金文字形❹，最上面的那只手变成了“刀”。小篆字形❺，直接从金文演变而来，规范化了。

《说文解字》：“解，判也，从刀判牛角。”因此“解”的本义就是用刀把牛角剖开，后来把解剖任何东西都称作“解”。从它的本义来理解，最著名的就是“庖丁解牛”的典故了：“庖丁为文惠君解牛，手之所触，肩之所倚，足之所履，膝之所踦，砉然响然，奏刀騞然，莫不中音，合于桑林之舞，乃中经首之会。”庖丁可不仅仅是“解”牛角，而是技艺娴熟地将一头整牛都给“解”开了，真乃神乎其技！“解”的其他一切义项——离散，脱去，解释，排解，等等——都是从这个本义而引申出来的。

“解”字最奇特的用法是“解手”一词。这个词最初的意思是指分手，韩愈《祭河南张员外文》：“两都相望，于别何有，解手背面，遂十一年。君出我入，如相避然。”还有秦观的名句：“不堪春解手，更为晚停舟。”都是分手、离别的意思。《水浒传》中还出现了一种随身携带的小佩刀叫作“解手刀”，又称“解手尖刀”“解腕尖刀”，当是取壮士断腕的意思，指危难之际，壮士以此断腕，后来就取了这个意思，将随身携带，便于立刻出手的小佩刀称作“解手刀”。至于当作上厕所的意思使用，通常的说法是明初北方大移民，官吏将移民的手绑在一起，串成一串，押解上路，防备他们逃跑，上厕所的时候需要将捆绑的绳子解开，故称“解手”，一直沿用到了今天。

“解”的本义是解剖，剖开牛角是为了送人或者烹煮，因此引申出送、押送等义项。当作这个义项的时候，应该读作四声 jiè，比如押解、解差（押解犯人的差役）。唐宋时举进士，由地方推荐发送入京也称“解”，取其“送”的意思。比如各州的考试称作“解试”，就是从“送”入京城而来。从明代开始，乡试的第一名称为“解元”，也是因为中试的举子们还要送入京城参加更高级别的考试。

“解”字还有一个读音，读作 xiè，当作姓氏时必须读这个音，比如明代著名学者解缙。有一种能辨别曲直的神兽叫解豸，见到人争斗就用角去顶坏人，这里的“解”和“獬”是通假字。《诗经·烝民》中的名句：“夙夜匪解，以事一人。”这里的“解”跟“懈”也是通假字，全句意思是：早晚都不松懈，服侍周王一人。

慈

❶ 金文

❷ 小篆

❸ 篆体

慈母手中线，游子身上衣（孟郊）

汉字身世小档案

- “慈”是一个会意字，像心的上面长着茂盛的草木，会意为养育子女使其成长，并用心来爱他们。
- 在周代的《仪礼》中，“慈母”竟不是指亲生母亲，而是指养母。
- “慈”最早并没有专指母亲，直到“五常”的规范出来，才产生了“父严母慈”的定位。

“慈母手中线，游子身上衣。临行密密缝，意恐迟迟归。”自古以来，母亲常被称作慈母，“慈”成了母亲的专利，父亲则称为严父。严父慈母，仿佛父母对待子女的态度就此定型了。那么，究竟什么是“慈”呢？

慈，金文字形❶，这是一个会意兼形声的字，下面是一颗心，上面是草木在生长，草木茂盛的样子，会意为养育子女使其成长，并用心来爱他们。也有学者认为上面是两束细丝，细丝柔软，与下面的“心”会意为心肠柔软。小篆字形❷，“慈”的字形定型，变成了从心兹声的形声字。篆体字的另一种写法❸，比金文更形象：下面依旧是一颗心，左上是“子”，代表子女，右上是手，会意为用心爱着子女，用手抚育着子女。

《说文解字》：“慈，爱也。”西汉学者贾谊：“亲爱利子谓之慈，恻隐怜人谓之慈。”东汉学者服虔：“上爱下曰慈。”《管子》：“慈者，父母之高行也。”这些解释还都没有将“慈”的特性仅仅附加到母亲身上，直到“五常”概念的出现。五常是五种伦常道德，据西汉学者孔安国解释：“天与民五常，使父义、母慈、兄友、弟恭、子孝。”于是产生了“父严母慈”这一传统的父母定位。

不过“慈母”最早可不是指亲生母亲，《仪礼·丧服》中出现了一个奇怪的定义：“慈母如母。”如果慈母是指亲生母亲，怎么还会这样说呢？儒家学者解释说：“慈母者何也？传曰：妾之无子者，妾子之无母者，父命妾曰：‘女（汝）以为子。’命子曰：‘女（汝）以为母。’若是，则生养之，终其身如母。”这真是一个令人瞠目结舌的定义！

原来，“慈母”的地位要低于亲母和继母，“继母如母，慈母如母”。要符合“慈母”的条件可不容易：首先父亲最少必须有两个妾，其次其中一个妾刚好没有生育男孩儿，再次另外一个妾生育有男孩儿但是必须死掉，最后父亲还要下令让无子的妾领养已死的妾的儿子。只有符合了这些条件，这个被领养的男孩儿才能称抚育自己成长的养母为“慈母”。这就是“慈母如母”的含义！说起来真是让人伤心！不过这一含义后来就不再使用，而是专指亲生母亲了，比如古人对别人称呼自己的母亲叫“家慈”，相应地对别人称呼自己的父亲就叫“家严”。

“慈”是指母亲对子女的慈爱，后来加以引申，对父母孝敬奉养也称作“慈”。东汉学者郑玄解释道：“慈，爱敬进之也。”以爱和敬来奉养父母。古人将乌鸦的一种称为“慈乌”，据李时珍记载：“此鸟初生，母哺六十日，长则反哺六十日，可谓慈孝矣。”相传此鸟刚出生的时候，母鸦口中含着食物喂养小鸦六十天，小鸦长大之后，为了报答母鸦的养育之恩，也衔着食物喂养母鸦六十天，叫作“反哺”，因此乌鸦被称为“慈乌”，以表彰这种鸟的慈孝。因为这个缘故，有时候也以“慈乌”来指代母亲。

舞

① 甲骨文

② 甲骨文

③ 金文

④ 金文

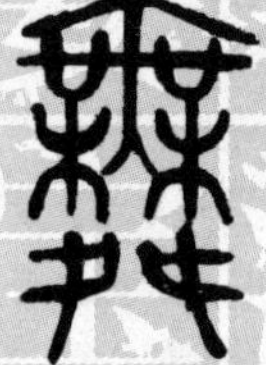
⑤ 小篆

我歌月徘徊，我舞影零乱（李白）

汉字身世小档案

- “舞”是一个象形字，像一个人两手执牛尾而舞的样子。
- 古人非常重视舞蹈，在周代，跳舞是幼童时期必学的功课，由乐师专门教授。
- 舞蹈时身体必须活动起来，因此“舞”又引申出玩弄的意思，例如“舞弊”一词。

古人把音乐和舞蹈都跟德行联系起来。《礼记·乐记》载："故其治民劳者，其舞行缀远；其治民逸者，其舞行缀短。故观其舞，知其德。"意思是：使民众辛劳，那么参与舞蹈的人就少；使民众安逸，那么参与舞蹈的人就多。因此，看天子和诸侯组织的舞蹈，就能够从中看出天子和诸侯的德行。

"無"和"舞"本为一字，"無"是"舞"的初文。舞，甲骨文字形❶，这是一个象形字，像一个人两手执牛尾而舞。也有学者认为像一个人衣袖上佩有穗状饰物，舒展衣袖翩翩起舞。甲骨文字形❷，头部之人的样子更形象，牛尾也更加美观。金文字形❸，下面添加了两只脚，跳舞的时候当然要移动脚步。金文字形❹，变得复杂起来，上面保持了原始的甲骨文字形，下面添加了左边的"彳（chì）"和右边的"止（趾）"，"彳"和"止"都是行走的意思。小篆字形❺，下面简化成了两只脚，字形变得更加美观了。

《说文解字》："舞，乐也，用足相背。""用足相背"是解释小篆字形下面的两只相背的脚，到了小篆字形，"舞"从象形字变成了形声字，下面的两足相背表意，指舞蹈时脚步的移动。李白有诗："我歌月徘徊，我舞影零乱。"是"舞"非常形象的写照。

周代有乐师的官职，乐师"掌国学之政，以教国子小舞"，小舞是指教给年幼的儿童舞蹈，舞蹈从娃娃抓起，可见古人对舞蹈的重视。《周礼》又说："凡舞，有帗舞，有羽舞，有皇舞，有旄舞，有干舞，有人舞。"这六种舞蹈被称作六舞。帗舞，帗（bō）是五色帛装饰的舞具，舞者执帗而舞，用来祭祀社稷；羽舞是执五彩的穗状羽毛而舞，用来祭祀四方；皇舞是舞者的衣帽上都饰以羽毛，手持五彩的羽毛，色如凤凰，用来求雨；旄舞是执牦牛尾而舞；干舞，干是盾牌，执盾牌而舞，是用兵之舞；人舞是不拿任何舞具，仅靠手而舞。

执兵器和盾牌的舞又称武舞，执羽毛的舞又称文舞。"为国家者，揖让得天下，则先奏文舞；征伐得天下，则先奏武舞。"经过禅让等和平程序取得天下的，舞蹈时要先文舞；经过征战等战争程序取得天下的，舞蹈时要先武舞，次序不能错。文舞和武舞又合称万舞："以干羽为万舞，用之宗庙山川。"干舞就是武舞，羽舞就是文舞。

《论语》中有名句："暮春者，春服既成，冠者五六人，童子六七人，浴乎沂，风乎舞雩，咏而归。"舞雩（yú）是求雨时举行的伴有乐舞的祭祀，祭祀的台子叫舞雩台，因此曾点的志向就是：暮春时节，春日穿的衣服已经做好穿上，跟五六个成年人，六七个童子一起到沂水洗澡，在舞雩台上乘凉，然后唱着歌归来。这同样也是孔子的志向，因此孔子喟然叹曰："吾与点也！"我赞成曾点啊！

舞蹈时身体必须动作起来，因此"舞"引申出玩弄的意思。《史记·张汤列传》："舞智以御人。"玩弄权术来驾驭别人。还有"舞弊"一词，作弊的时候手舞足蹈，真是太形象的讽刺！

① 金文「鱻」
② 小篆「鱻」
③ 金文
④ 金文
⑤ 小篆

鲜

治大国若烹小鲜（《老子》）

汉字身世小档案

- “鲜”的本字是“鱻”，意思是指用没有变质的鱼来作菜肴。
- “鲜”的字形后来改为鱼和羊并列，并不是说鱼跟羊煮成一锅就鲜，而是用羊字表示味美。
- “鲜”还可以引申出新鲜、明丽等意思，用在一切与美味、装饰有关的事物上。

“鲜”是一个非常有趣的字，唯汉语才有，拼音文字中没有相对应的字眼儿，因此可称地地道道“最中国”的汉字。

不过在汉代以前，当作新鲜的义项使用的是“鱻”这个字。鱻，金文字形❶，这是一个会意字，上面总共有三条鱼。小篆字形❷，同于金文。《说文解字》：“鱻，新鱼精也。从三鱼，不变鱼。”段玉裁注：“谓不变其生新也。”意思是指用新鲜的没有变质的鱼作菜肴。汉代以后，繁体的“鲜”字取代了烦琐的“鱻”字，“鱻”从此废弃不用。

鲜，金文字形❸，这也是一个会意字，上面是一只羊，下面是一条鱼，这并非是说羊和鱼烩成一锅即为“鲜”，而是用羊表示味美，下面的鱼则表示类属，意思是“鲜”属于鱼类。金文字形❹，更加美观。小篆字形❺，将上下结构变成了左右结构，左鱼右羊。

《说文解字》：“鲜，鱼名，出貉国。”现在明白为什么用“鱼”表示类属了吧。原来“鲜”本来是一种鱼的名字，这种鱼产于貉国。貉读作 mò，跟“貊”是一个字，是对古代东北方少数民族的一种称呼。貉国的人喜欢吃生鱼，因此郑玄就直接把“鲜”解释为“生鱼也”。东北的貊系部落后来逐渐向东、向南迁移，其中一支进入朝鲜半岛，开始与当地土著混血，因此有学者猜测朝鲜国名中的“鲜”字就来源于貉国的这种鱼类，今天的日本和韩国人酷爱吃生鱼片也是一条佐证。不过，十四世纪的李氏朝鲜自我解释道：“国在东方，先受朝日之光鲜。”这当然是对国名之由来的一种美化而已。

老子的那句名言——“治大国若烹小鲜”——更是明证：小鲜就是小鱼，治理大国就如同烹煎小鱼一样。“鲜”字由此引申出新鲜、明丽等一系列义项，可以用到一切美味、一切装饰上面了。

“鲜”读三声（xiǎn）的时候，字义为“少”，这也是从“新鲜”的义项引申出来的，东西多了就不新鲜了,因此“鲜”当“少”讲，正所谓屡见不鲜。《诗经·扬之水》：“终鲜兄弟，维予与女（汝）。终鲜兄弟，维予二人。”意思就是缺兄少弟，只有你我夫妻二人。“鲜”又由此引申出另外一个非常罕见的义项：夭折，早死。《左传·昭公五年》：“葬鲜者自西门。”其中的“鲜者”即指早死的人。

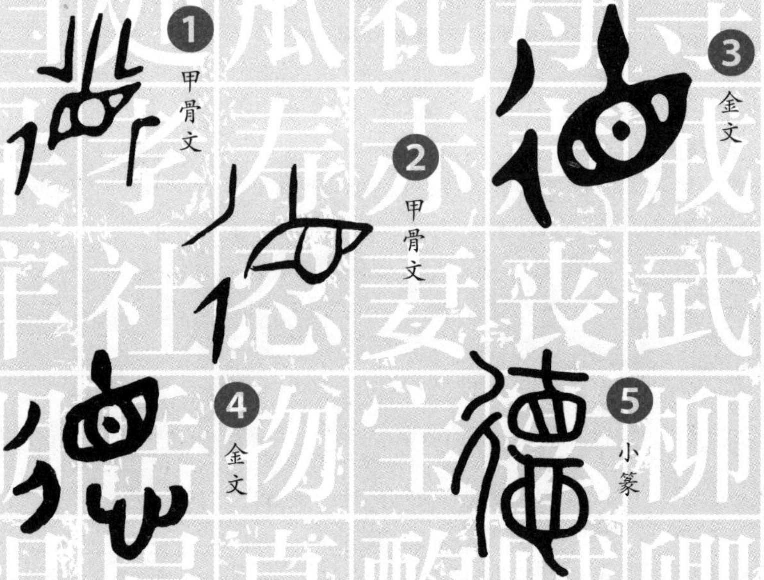

德

吾未见好德如好色者也（《论语》）

汉字身世小档案

- “德”是一个会意字，字形像一个慢慢行走、目不斜视的人。
- “德”的本义就是“升”，也就是登高的意思。人的德性需要不停地努力才能得到，因此引申为德行。
- “德配”引申为对别人妻子的尊称，但只能用于死后的悼文。

“德”这个字很有趣，甲骨文字形❶，这是一个会意字，中间是古“直”字，四面围绕着的表示十字路口。李敬斋先生认为“直行为德”，就是行得正。左民安先生认为：“其右部是一只眼睛，眼睛之上是一条垂直线，这是表示目光直射之意。所以这个字的意思是:行动要正，而且‘目不斜视’。”甲骨文字形❷，十字路口省写为“彳”。金文字形❸，同于甲骨文。金文字形❹，在“直”的下面添加了一颗心，不光目正，还要心正。小篆字形❺，直接从金文演变而来，变成了一个形声字。

《说文解字》:“德，升也。”这是“德”的引申义，本义是行得正，引申为德行。“德行，内外之称，在心为德，施之为行。”《正韵》:“凡言德者，善美，正大，光明，纯懿之称也。”古人有九德之说，说法不一，《尚书·皋陶谟》称九德为：“宽而栗，柔而立，愿而恭，乱而敬，扰而毅，直而温，简而廉，刚而塞，强而义。”宽厚而庄重，温和而有主见，谨慎而恭敬，能干而敬业，顺从而果敢，正直而温和，有谋略而能务实，刚正而有节制，勇敢而有道义。这九德是判断人的真伪的九项标准，但是古往今来，能够符合这九德的人实在是太少了。

《左传·昭公二十八年》中有关于九德的另一种说法：“心能制义曰度，德正应和曰莫，照临四方曰明，勤施无私曰类，教诲不倦曰长，赏庆刑威曰君，慈和遍服曰顺，择善而从之曰比，经纬天地曰文。”《逸周书》又把“忠、信、敬、刚、柔、和、固、贞、顺”称作九德，其中的含义请读者朋友悉心体会。

古人最讲究德，因此对“德”的研究很深刻，除了九德之外，还有三德、六德等种种规定。三德：“一曰正直，二曰刚克，三曰柔克。”“一曰至德，以为道本；二曰敏德，以为行本；三曰孝德，以知逆恶。”“三德，谓礼宾、亲亲、善善也。”六德:“知，仁，圣，义，忠，和。”“礼，仁，信，义，勇，智。”无论九德、三德还是六德，大同小异，后来成为儒家学说的核心概念，强调以德治国，并把这种理想的治国理念称作“德政”。

孔子曾经说过一句著名的话：“吾未见好德如好色者也。”意思是：我没有见过爱好德行就像爱好美色一样的人。可见即使有种种关于“德”的规定和美誉，好德的人也不如好色的人多。

古人有德配天地的赞誉之辞，比喻一个人的德行可与天地相匹配。后来就把“德配”引申为对别人妻子的尊称，意思是说这个人的妻子，德行可以跟丈夫相匹配，不过不能用作口语，多用于死后的悼文，属于恭维死人的漂亮话，过去叫谀辞。

器

1 金文

2 金文

3 金文

4 小篆

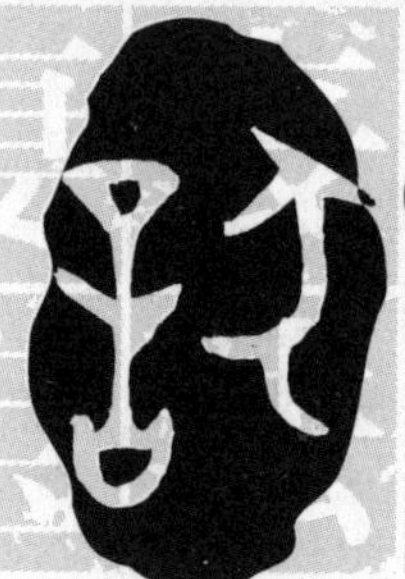

5 金文「猎」

士者，国之重器（《汉书》）

汉字身世小档案

- “器”的小篆字形是一个会意字，字形像一只狗旁边有四个口，会意为器物很多，因此派狗看守。
- “器”的本义就是器具，引申为贵重的器具，如“神器”“宝器”和“大器”等。
- “器”因为贵重，常常用来比喻难得的人才，比如“大器晚成”。

器，金文字形❶，这是一个会意字，两旁是两张口，中间是一条犬。金文字形❷，四周是四张口，中间是一条犬。金文字形❸，中间狗的样子更形象。小篆字形❹，接近金文，会意为器物很多，因此派狗守着。不过，白川静先生认为这条犬是祭祀时的祭牲，“器”因而会意为祭礼时使用的清洁祭器。

《说文解字》：“器，皿也，象器之口，犬所以守之。”这就是“器”的本义：器具。但是左民安先生却认为金文字形乃是犬吠为“器”，因此“器”这个字应该是“狺”字的本字。狺读作 yín，意为狗叫的声音。如此一来，“器”字的本义就应该是犬吠声，只不过后来假借为“器具”的意思。左先生的观点虽然新奇，但是却缺乏有力的支持，因为“狺”的金文字形❺，左言右犬，这才是狗叫的声音，跟“器”字字形大相径庭，所以“器”字的本义应该以《说文解字》为准，是各种器具的统称。

“器”在人们的日常生活中非常重要，因此衍生出“神器”“宝器”“大器”等各种最贵重的器物。神器和宝器是象征国家政权的实物，通常指玉玺、宝鼎之类；大器是圭璋之类的玉器或者钟鼎之类的青铜器。因为贵重，所以“器”常用来比喻难得的人才，比如《管子·小匡》：“管仲者，天下之贤人也，大器也。”还有“大器晚成”这样的成语。

皇帝是天之子，皇权具有至高无上的权威。皇权之下的等级就是官僚阶层，官僚阶层是由一个个具体的个人组成的，这些人在皇权看来，无非是一个个的“器”，为皇权所用，目的在于巩固皇权。皇权“器重”某一个人，就是把他看成了“重器”，当作器物来使用。《汉书》中的这一段话是对“重器”最好的注解：“士者，国之重器，得士则重，失士则轻。”可见，皇权对“重器”的“器重”是因为他对国家有用，把他当工具看待，而不是因为他是一个活泼的生命体。有用才会“器重”，无用当然就任其自生自灭或者干脆抛弃了事。绝大多数的平民百姓因此处于等级制的最下层。

“器”这个字造得有很深刻的寓意，派狗守着，当然是很珍贵的“器”，但是同时还有监视的含义在内，生怕“器”太“重”了压倒皇权。一旦“器”太“重”压倒了皇权，那么就要改朝换代，“器”也要重新洗牌，“器重”的对象就变成了对新政权效忠的人了，所以“器重”专用于上级对下级。

今天那些受到领导“器重”的人才应该懂得其中的辩证法：既然被“器重”，自然也有“器轻”的一天，一旦那一天到来，连哭鼻子的工夫都没有了。

为人“器重”者，不可不慎！

儒

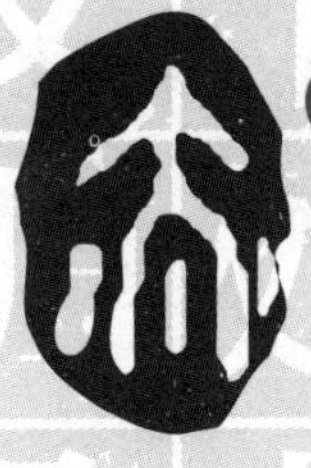

甲骨文「需」

甲骨文「需」

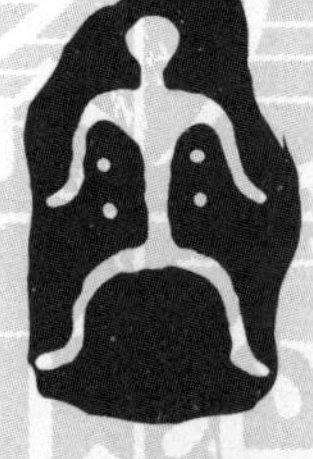

金文「需」

金文「需」

小篆「需」

小篆

儒有澡身而浴德（《论语》）

汉字身世小档案

- “儒”通“濡”，有湿润的之意。意思是能用先王之道湿润、灌溉自身。
- 胡适认为，最初的“儒”是指殷商的遗民，从殷商的祝宗卜史等行业转化而来，在西周及春秋以治丧相礼为职业。

儒者给人们的印象大都是峨冠博带，缓步而行，这倒符合《说文解字》对“儒”这个字的解释：“儒，柔也，术士之称。”“儒”字为什么会具备这个义项呢？

大部分学者都认为“需”是“儒”和“濡”的本字。需，甲骨文字形❶❷，这是一个会意字，会意为一个人身上不停地往下滴水。徐中舒先生说：“像人沐浴濡身之形，为‘濡’之初文。”他又说：“上古原始宗教举行祭礼之前，司礼者需沐浴斋戒，以致诚敬，故后世以需为司礼者之专名。需本从像人形之‘大’，因需字之义别有所专，后世复增人旁作儒，为踵事增繁之后起字。”

需，金文字形❸，人沐浴的样子更加形象。金文字形❹，沐浴的水形变为上面的“雨”，意思好像人被雨淋湿了。小篆字形❺，下面的人形讹变为“而”。“儒”的小篆字形❻，即由此而来，只不过添加了一个人字旁。

段玉裁说：“儒者，濡也，以先王之道能濡其身。”意思是能用先王之道湿润、灌溉自身，亦即《礼记·儒行》中孔子所说：“儒有澡身而浴德。”非常符合“需”的甲骨文和金文字形。

“儒”为什么当作“柔”讲？又为什么成为术士的称呼呢？段玉裁引用郑玄的话说：“儒行者，以其记有道德所行。儒之言优也，柔也，能安人，能服人。”他又引用《玉藻》一书的注：“舒儒者，所畏在前也。”所谓柔，就是柔顺，就是“所畏在前”。儒者不正是这样一副形象吗？动作谨慎，循规蹈矩，“非礼勿视，非礼勿听，非礼勿言，非礼勿动”，用儒家的一套柔顺的伦理规则来正人正己，此之谓“能安人，能服人”。

针对儒者的这种特征，胡适先生曾经发表过一个有趣的见解，他认为最初的儒是殷商的遗民，从殷商的祝宗卜史等行业转化而来，在西周及春秋以治丧相礼为职业。既是遗民，当然以柔逊为特征，这一特征乃由亡国状态所养成。后来成为术士之称，自孔子之后，才形成今天意义上的儒家和儒者的概念。

同样认为儒者从殷商的祝宗卜史等行业转化而来，白川静先生的见解也很别致。他说：“‘需’为‘雨’与‘而’（头发剃断不结发髻之人）组合之字，指巫祝。干旱时节，巫祝要主持求雨仪式，谓‘需’，即需要、期待降雨。求雨的巫祝称‘儒’。作为下层巫祝操持求雨的节日，或是为富裕家庭办理丧事，奔前走后，这就是古代儒者的本来身姿。出身于这样的底层社会的孔子，努力建立具有普遍性的为人之道，并遂其道于大成，开创了儒家、儒学。”

儒有澡身而浴德，洁身自好，沐浴在先王的道德中。以至于扬雄称“通天地之人曰儒”，已经将原初的“儒”的含义无限拔高了。

爵

器象爵者，取其鸣节节足足也（许慎）

汉字身世小档案

- “爵”和“雀”是通假字，爵就是雀形的酒器。
- 爵是祭祀和宴饮时的礼器，于是引申出爵位的意思。
- 把爵制成雀的形状，是对饮酒之人的一种劝诫。雀的鸣叫声像“节节足足”，所以喝酒要节制，要知足。

《说文解字》："爵，礼器也，象爵之形。"

爵，甲骨文字形❶，果然如同许慎所说的，是个象形字，下面有三足，中间是盛酒或温酒的器腹，器腹里面的圆圈表示盛的酒，器腹的左边开口叫"流"，便于吸饮。"爵"的上面一定要有两柱，这是礼制所规定的，因此甲骨文字形上面的那个箭头就用来表示两柱，两柱的形制通常为帽形柱。甲骨文字形❷，器腹里面的酒用一横来表示。

爵，金文字形❸，上面的两柱稍有变形，器腹里面也没有了酒。金文字形❹，简直就是"爵"的画像，只不过在右侧添加了一只手，表示以手持爵。金文字形❺，变得复杂起来，除了右边的手之外，左边依次为：上为帽形柱，中为器腹和"流"的变形，下面添加了一个"鬯"字，"鬯（chàng）"是黑黍和郁金草酿成的一种香酒。《说文解字》："中有鬯酒，又持之也，所以饮。"许慎的意思是，爵中装着鬯这种香酒，用手持之而饮。小篆字形❻，直接从金文演变而来。

古人很早就知道酿酒和饮酒，出土的殷代酒器之多，表明殷人饮酒的风气之盛。纣王有酒池肉林的宴会，可见一斑。古代酒器很多，本文略举几例。郑玄说："一升曰爵，二升曰觚，三升曰觯，四升曰角，五升曰散。"觚（gū）呈喇叭形，细腰，高圈足，腹和圈足上有棱；觯（zhì）多为圆腹敞口，圈足有盖；角，形状像爵，但是没有上面的两柱和出酒的嘴，两尾对称，有盖；散，只以漆涂面，不用别的装饰，为地位卑贱的人所用。

《左传·庄公二十一年》："虢公请器，王与之爵。"虢公向周王请求赐酒器，周王赐给他了爵。爵既是祭祀和宴饮时的礼器，于是引申出爵位的意思。据《礼记·王制》载："王者之制禄爵，公、侯、伯、子、男，凡五等。"后世把官职统称为官爵。商鞅辅佐秦孝公变法时，为了奖励军功，设置了二十等爵制，即根据军功的大小授予爵位，官吏从有军功爵的人中选用。据《韩非子》载："斩一首者爵一级，欲为官者为五十石之官；斩二首者爵二级，欲为官者为百石之官。官爵之迁与斩首之功相称也。"意思是战争中斩一个敌人的头颅授予一级爵位，做官的话可做五十石之官；斩两个敌人的头颅授予二级爵位，做官的话可做百石之官……以此类推。一首一级，后来干脆简称作"首级"，这就是"首级"一词的来源。首级制度直到北宋方才废除。

古人为什么把爵制成这种形状呢？《说文解字》："器象爵者，取其鸣节节足足也。"节节足足是鸟雀鸣叫的声音，古人认为这种鸣叫的声音是一种劝诫，节是节制，足是知足，所以许慎说爵制成雀的形状，是对饮酒之人的一种劝诫。因此古人说："取其能飞而不溺于酒，以示儆焉。"又说："取其鸣节，以戒荒淫。"都是劝诫饮酒之人不要贪杯的意思。因此，"爵"和"雀"其实是通假字，爵的样子跟雀非常相像。

阅读古籍的时候，如果遇到含有"爵"的句子，并且按照"爵"的意思读不通的时候，可以试着用"雀"来读。比如《孟子》中有"为丛驱爵"的话，这个"爵"当作爵位、爵禄就讲不通，而当作"雀"就可以讲通了，即为丛林驱赶来鸟雀。还有"爵室"一词，《释名·释船》："在上曰爵室，于中候望之，如鸟雀之警示也。"还有"爵弁"，这种帽子是用赤黑色的布做的，像雀头部的颜色，故称"爵弁"。

1 小篆

2 篆体

三日入厨下，洗手作羹汤（王建）

汉字身世小档案

- “羹”的古字，意思就是把羊羔肉架在鬲这种炊具上烧煮，味道鲜美。
- “羹”字的本义是指带汁的肉，到魏晋之后，“羹”才用来指肉汤。
- “闭门羹”，最早的意思是专指妓女拒绝接客。

羹

今天的“羹”字非常简单，只有一个意思，那就是汤，比如调羹就是指搅拌汤的小勺子，鸡蛋羹就是鸡蛋汤，没有任何异议。可是在古代，“羹”的含义却完全不同。

羹，小篆字形❶，这是一个会意字，上为羔，下为美，羊肉是古人的主要肉食，因此用羊羔肉和“美”会意为肉的味道鲜美。另外一种篆体字形❷，“羔”的下面添加了一个“鬲”字，鬲读作 lì，是一种炊器，用于烧煮或烹炒，特指类似于鼎状的炊器。把羊羔肉架在“鬲”这种炊器上烧煮或烹炒，味道一定鲜美！所以两边还有升腾的热气。

《说文解字》：“羹，五味和羹也。”《诗经·烈祖》：“亦有和羹。”《尚书·说命》：“若作和羹，尔惟盐梅。”盐是咸，梅是醋，此处的意思是指羹要用咸味和酸味来调和。郑玄说：“凡羹齐宜五味之和，米屑之糁。”糁（sǎn）是用米粒来和羹的意思。这些关于“羹”的古代文献里面，最重要的一个字是“和”。和，即调和，因此“羹”的意思就是用酸、甜、苦、辣、咸这五味调和而成的肉汁，而不是今天所说的汤的概念。不调和五味的肉汁称作“大羹”；煮熟的带汁的菜加上米屑称作“菜羹”，贫穷的人所食；煮熟的带汁的野菜称作“羹藜”，是非常粗劣的饮食，也称作“藜藿之羹”，都是穷人吃的。

《左传·隐公元年》中讲了一个有趣的故事，准确地体现了“羹”的本义。郑庄公出生的时候难产，惊吓了母亲武姜，因此武姜很不喜欢他，而喜欢庄公的弟弟共叔段。庄公即位后，武姜和共叔段密谋篡夺王位，被庄公击破，赶走了弟弟，囚禁了母亲，并发誓：“不及黄泉，无相见也！”有个叫颍考叔的地方官，借着献礼的名义朝见庄公，“公赐之食，食舍肉”。“食舍肉”的意思是：颍考叔吃饭的时候把肉放在一边不吃。庄公很奇怪，就问他为什么这样做，颍考叔回答道：“小人有母，皆尝小人之食矣，未尝君之羹，请以遗之。”意思是说我现在吃的饭食我母亲都吃过了，唯独没有吃过您赐给我的“羹”，我要带回去让她尝尝。庄公赐的饭食中有“肉”，颍考叔称之为“君之羹”，可见“羹”就是带汁的肉，而不是肉汤。颍考叔这是在劝谏庄公呢！他给庄公出了一个主意，挖了一条隧道与母亲相见，没有违背“不及黄泉，无相见也”的誓言。

至于“羹”当作肉汤讲，则是魏晋以后的事情了。唐人王建有诗：“三日入厨下，洗手作羹汤。”这才是用肉菜等做成的汤。

有一个词叫“闭门羹”，指拒绝客人上门，但在古代却专指妓女拒绝接客。据唐人冯贽《云仙杂记》记载，宣城名妓史凤是个势利眼，接客的时候根据客人的地位和财力将客人分为三六九等，接待的规格也不一样，对最低等的客人则拒绝接待。不过史凤很客气，不是直接将其驱逐出境，而是派妓院的工作人员给他们端上一杯“闭门羹”，说：“请公梦中来。”给客人吃上一杯“闭门羹”是抚慰，但是“请公梦中来”的嘱咐就有些刻薄了，估计史凤是想要耍小幽默。史凤还把对待最低等客人的行径写成了一首诗，诗名就叫《闭门羹》：“一豆聊供游冶郎，去时忙唤锁仓琅。入门独慕相如侣，欲拨瑶琴弹凤凰。”意思是：我给您提供一碗羹，您喝了之后就离开吧，我会赶紧吩咐人锁上大门，您就别回头了，我喜欢的只是像司马相如那样的知音啊！

1 小篆

2 小篆

囊空恐羞涩，留得一钱看（杜甫）

汉字身世小档案

- “囊”是装东西用的袋子，由此而生“智囊”“囊括”“囊中之物”等词。
- “囊”跟“橐”都是袋子，不过大的叫囊，小的叫橐；或者是袋子无底的叫囊，有底的叫橐。
- “阮囊羞涩”的主角是哪位阮先生？他真的很穷，很羞涩吗？

囊

囊和橐是古代非常重要的器物,《诗经 · 公刘》:“乃裹糇粮,于橐于囊。”糇(hóu)粮就是干粮。古人远行的时候,要把干粮装到囊和橐这样的袋子里面。

囊、橐二字有区别。先说囊。囊,小篆字形❶,这是一个形声字,许慎说里面是表声的“襄”字。

再说橐。“橐”读作 tuó,它的初文就是“东”字(请参照本书中关于“东”字的解说)。小篆字形❷,许慎说里面是表声的“石”字。

《说文解字》:“囊,橐也。”“橐,囊也。”许慎老先生可真够懒的,就这样解释囊和橐,在他看来,囊、橐不分。不过还有另外两种解释,一种解释是:大曰囊,小曰橐。另一种解释是:无底曰囊,有底曰橐。古人对器物的分类可真够细的。

不管怎样,囊和橐反正都是装东西的袋子,因此有智囊、囊括、囊中物等词,不过“橐”字相对组词较少。

有一个成语叫“囊中羞涩”,很有意思。杜甫有《空囊》一诗:“翠柏苦犹食,晨霞高可餐。世人共鲁莽,吾道属艰难。不爨井晨冻,无衣床夜寒。囊空恐羞涩,留得一钱看。”“爨”读作 cuàn,烧火做饭。这首诗写尽了诗人生活艰难的窘境。其中“囊空恐羞涩,留得一钱看”就是我们今天常用的成语“囊中羞涩”,也写作“阮囊羞涩”。

杜甫如此贫穷,应该叫“杜囊羞涩”才对,为什么叫“阮囊羞涩”呢?此典出自元人阴时夫所撰《韵府群玉》一书。在“七阳”一章中,阴时夫讲了一个有趣的故事:“阮孚持一皂囊,游会稽,客问:‘囊中何物?’阮曰:‘但有一钱看囊,空恐羞涩。’”阮孚随身带着一个黑色的布囊,在会稽一带游历,有人问他:“您的囊中盛的是什么宝贝啊?”阮孚回答道:“我的囊中只有一枚钱,恐怕囊羞涩,用它来看囊。”原来“囊中羞涩”不是指囊中的钱少而羞涩,而是指怕囊羞涩才用一枚钱压着囊底,给囊以安慰。

不过,说阮孚“囊中羞涩”却是一个彻头彻尾的谎言。阮孚是晋朝人,一生都在做官,而且还都是高官。阮孚喜欢饮酒,史载他曾经“以金貂换酒”,这样的高官怎么会缺钱花呢?阮孚四十九岁死前的官衔是“都督交、广、宁三州军事、镇南将军、领平越中郎将、广州刺史”,可见说他“阮囊羞涩”乃是后人伪造的故事。一个富人留下了贫穷的名声,而且还成了一个典故,被后人屡屡引用,这在中国历史上大概不多见吧!

饕

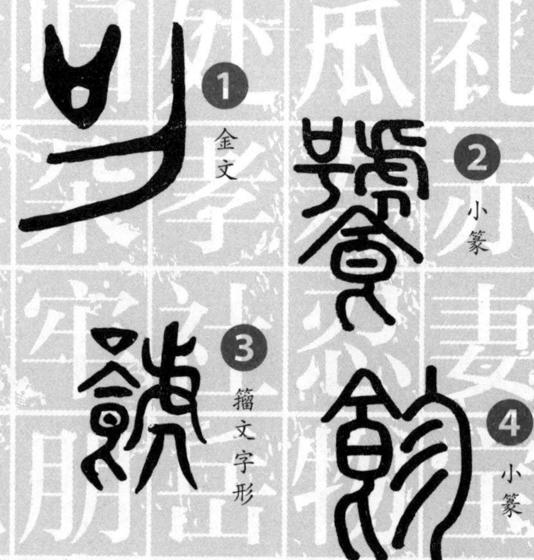

1 金文　2 小篆　3 籀文字形　4 小篆

盖聚物之夭美，以养吾之老饕（苏轼）

汉字身世小档案

- “饕”跟“餮”都是“贪婪”的意思，但是“饕”贪财，“餮”贪食。
- “饕餮”是龙生九子中最爱吃的那个。
- 古人在鼎上铸饕餮的模样，来警示吃饭的人不要贪得无厌，以免最后撑死自己。

饕、餮并举。

先说饕。“饕”读作tāo，金文字形❶，这是一个会意兼形声的字，从口从刀，会意为口舌如刀，喋喋不休。“饕”和“叨”本为一字。《庄子·渔父》篇中说：“好经大事，变更易常，以挂功名，谓之叨。”意思是：喜欢管理大事，变更常规，以网取功名，这就叫“叨”，也就是贪婪之意。小篆字形❷，变成了上声下形的形声字。《说文解字》收录的籀文字形❸，大同小异。籀文又称大篆，春秋战国时期通行于秦国，字体与秦篆相近，但字形的构形多重叠。

再说餮。“餮”读作tiè，小篆字形❹，这是一个左形右声的形声字。楷体字形从左右结构变成了上下结构，上声下形。

《说文解字》：“饕，贪也。”“餮，贪也。”两个字都是贪婪之意，区别在于：贪财为饕，贪食为餮。后来人们把美食家称作“老饕”。比如苏东坡有一篇著名的《老饕赋》，其中写道：“盖聚物之夭美，以养吾之老饕。”严格地说这应该是一种错误的称呼，改称贪食的“老餮”才符合本义，不过“老饕”的叫法早已经约定俗成，一直延续到今天，无法更改了。

俗话说“龙生九种，九种各别”，古人认为龙性最淫，生的种也就最多，一龙所生的九条小龙，往往形状性格各异，因此，“龙生九子”用来比喻同胞兄弟良莠不齐，爱好各不相同。虽然民间关于龙生九子的说法由来已久，但是一直没有定论，到了明代，人们才开始汇集历代文献中记载的神异动物，将龙九子的称谓和功能确定下来。

不过即使如此，每位学者所记载的也有差异，其中一种说法来自明朝学者杨慎所撰的《升庵外集》。龙的九个儿子分别为：1. 赑屃（bì xì），形似龟，古碑下的驮龟其实就是它；2. 螭（chī）吻，形状像四脚蛇剪去了尾巴，好在险要处东张西望，也喜欢吞火，今日很多建筑殿脊上的兽头就是它；3. 蒲牢，平生好鸣，今钟上兽纽是其遗像；4. 狴犴（bì àn），平生好讼，今狱门上狮子头是其遗像，也用作牢狱的代称；5. 饕餮，好食，钟鼎彝器上多雕刻其头部形状作为装饰；6. 蚣蝮，性好水，所以立于桥柱；7. 睚眦（yá zì），平生好杀，有“睚眦必报”这个成语，今刀柄上龙吞口是其遗像；8. 狻猊（suān ní），平生好坐，今佛座狮子是其遗像；9. 椒图，性好闲，立于门首，铺首衔环是其形象。

相传尧当政的时期，国家有四凶：一个叫混沌，到处结交盗贼，行凶作恶，杀人如麻；一个叫穷奇，喜欢散布谣言，诬陷忠良；一个叫梼杌（táo wù），独断专行，谁的话都不听；最后一个就是饕餮，“贪于饮食，冒于货贿”，入不敷出就去打家劫舍。四凶后来全都被继位的舜给流放了。由此可见，饕餮自古以来就是贪财贪吃的恶兽，不招人待见，今天还把贪吃的人称作饕餮之徒。

《神异经》对饕餮的长相有更加详细的描述：“西南方有人焉，身多毛，头上戴豕，贪如狼恶，好自积财，而不食人谷，强者夺老弱者，畏群而击单，名曰饕餮。”古人因此将饕餮的形象铸在钟鼎彝器之上，据《吕氏春秋》解释说：“周鼎著饕餮，有首无身，食人未咽，害及其身，以言报更也。”报更，即报应。这段话的意思是：在鼎上铸饕餮的形象，是为了警示吃饭的人不要贪得无厌，以免最后撑死自己。

士	义	丫	马	尸	尤	中	书	王	东
左	归	处	瓜	礼	母	寺	网	年	华
休	朵	孝	寿	赤	声	戒	亚	闲	我
犹	牢	社	忍	妻	丧	武	味	贤	炙
狐	朋	岳	物	宝	法	柳	冠	鬼	拜
秋	俎	眉	真	酌	贼	卿	臭	朕	爱
家	宾	害	酒	涉	差	祥	梦	堂	祭
婚	族	望	雅	葬	落	鼎	禽	尊	禄
禅	善	楚	雷	蜀	罪	盟	鉴	鼠	解
慈	舞	鲜	德	器	儒	爵	羹	囊	饕

东	王	书	中	无	尸	马	了	义	士
华	年	网	寺	母	礼	瓜	处	归	左
我	闲	巫	戒	声	赤	寿	孝	朵	休
炙	贤	味	武	丧	妻	忍	社	牢	犹
拜	鬼	冠	柳	法	宝	物	岳	朋	狐
爱	朕	臭	卿	贼	酌	真	眉	俎	秋
祭	堂	梦	祥	差	涉	酒	害	宾	家
禄	尊	禽	鼎	落	葬	雅	望	族	婚
解	鼠	鉴	盟	罪	蜀	雷	楚	善	禅
饕	囊	羹	爵	儒	器	德	鲜	舞	慈